Robert Flachenäcker

Mehr Kunden für Kleinunternehmen und Solopreneure

Klare Positionierung, gezielte Kommunikation, modernes Marketing und erfolgreicher Verkauf

Robert Flachenäcker
Solveidos GmbH
Hofheim am Taunus, Deutschland

ISBN 978-3-658-25908-2   ISBN 978-3-658-25909-9 (eBook)
https://doi.org/10.1007/978-3-658-25909-9

Die Deutsche Nationalbibliothek verzeichnet diese Publikation in der Deutschen Nationalbibliografie; detaillierte bibliografische Daten sind im Internet über http://dnb.d-nb.de abrufbar.

Springer Gabler
© Springer Fachmedien Wiesbaden GmbH, ein Teil von Springer Nature 2019
Das Werk einschließlich aller seiner Teile ist urheberrechtlich geschützt. Jede Verwertung, die nicht ausdrücklich vom Urheberrechtsgesetz zugelassen ist, bedarf der vorherigen Zustimmung des Verlags. Das gilt insbesondere für Vervielfältigungen, Bearbeitungen, Übersetzungen, Mikroverfilmungen und die Einspeicherung und Verarbeitung in elektronischen Systemen.
Die Wiedergabe von allgemein beschreibenden Bezeichnungen, Marken, Unternehmensnamen etc. in diesem Werk bedeutet nicht, dass diese frei durch jedermann benutzt werden dürfen. Die Berechtigung zur Benutzung unterliegt, auch ohne gesonderten Hinweis hierzu, den Regeln des Markenrechts. Die Rechte des jeweiligen Zeicheninhabers sind zu beachten.
Der Verlag, die Autoren und die Herausgeber gehen davon aus, dass die Angaben und Informationen in diesem Werk zum Zeitpunkt der Veröffentlichung vollständig und korrekt sind. Weder der Verlag, noch die Autoren oder die Herausgeber übernehmen, ausdrücklich oder implizit, Gewähr für den Inhalt des Werkes, etwaige Fehler oder Äußerungen. Der Verlag bleibt im Hinblick auf geografische Zuordnungen und Gebietsbezeichnungen in veröffentlichten Karten und Institutionsadressen neutral.

Springer Gabler ist ein Imprint der eingetragenen Gesellschaft Springer Fachmedien Wiesbaden GmbH und ist ein Teil von Springer Nature
Die Anschrift der Gesellschaft ist: Abraham-Lincoln-Str. 46, 65189 Wiesbaden, Germany

Geleitwort

Als Robert Flachenäcker mich gefragt hat, ob ich ein Geleitwort zu seinem neuen Buch schreiben wolle, war ich sehr geschmeichelt und habe gleich zugesagt. Nicht nur weil seine Alternative ein überaus erfolgreicher und bekannter Unternehmer aus unserer Heimatstadt Wiesbaden gewesen wäre – was meinem Ego gut getan hat – sondern vor allem deswegen, weil ich Robert als jemanden kennengelernt habe, der wirklich etwas zu sagen hat, der einen breiten Background besitzt, sich interessante Gedanken macht und sie auch auf den Punkt bringen kann. Gleichzeitig habe ich mich gefragt: Mist, wie hat der das schon wieder hinbekommen, nicht nur einen Verlag zu finden, sondern den Text dann auch pünktlich abzuliefern? Ich selber liege seit 6 Monaten wegen 20 Seiten Fachartikel mit meinem Lektor im Clinch. Aber ich halte es da mit Stephen Covey und bin proaktiv (Habit #1) und denke Win-Win (Habit #4).

Was erwarten Sie von einem Geleitwort? Ich will jetzt nicht der Versuchung mancher Kollegen erliegen, die sich denken: Toll, das Geleitwort wird ja als allererstes gelesen, da platziere ich doch gleich mal meine ganz eigenen Gedanken zu dem Thema noch vor dem Autor. Nein. Sie erfahren hier drei Dinge von mir:

- Warum ich das Buch und sein Thema für gut und wichtig halte.
- Was Sie meiner Meinung nach durch die Lektüre des Buches mitnehmen können.
- Warum ich den Text von Robert Flachenäcker für einen sehr lesenswerten halte.

Mehr Erfolg und mehr Kunden für Einzel- und Kleinunternehmer*Innen ist sicher ein wertvolles Versprechen für jeden einzelnen aus dieser Zielgruppe. Aber es ist noch viel mehr. Es hat sozusagen volkswirtschaftliche Relevanz. Denn das, was Robert beschreibt, erlebe ich auch immer wieder: Gerade unter den Einzel- und Kleinunternehmern sind viele ungelernte Unternehmer unterwegs. Frauen und Männer, die sich im besten Falle einer Leidenschaft für ein Thema folgend selbstständig gemacht haben. Aber nicht selten auch Menschen, die auf der Flucht sind – vor ihrem letzten Chef, vor den Zwängen des Angestellten-Daseins oder der Arbeitslosigkeit.

Und es wirkt manchmal wie ein Wunder im strukturierten und regulierten Deutschland, dass ich tatsächlich ohne große Hürden in vielen Bereichen von heute auf morgen Unternehmer werden kann. Verstehen Sie mich nicht falsch. Ich finde es gut, dass es nicht den verpflichtenden Unternehmensführerschein gibt. Wer die Frage nach dem Sinn von formalen Zugangsbarrieren zu Märkten und Karrieren spannend findet, sollte mal die Diskussionen rund um den Meisterzwang im Handwerk nachlesen: z. B. https://www.handwerksblatt.de/15-unternehmensfuehrung-uebersicht/5005709-meisterbrief-bundesrat-stimmt-fuer-wiedereinfuehrung.html.

Die vorhandene unternehmerische Freiheit führt aber eben auch dazu, dass sich begabte Goldschmiede, Fotografen, Journalisten oder Coaches in den Markt begeben ohne die geringste unternehmerische Erfahrung und ohne theoretisches Rüstzeug zu haben, was ein Unternehmer alles wissen muss. Daran, dass man Rechnungen begleichen, Steuern zahlen und vielleicht noch Rechtsvorschriften einhalten muss, denken wohl noch die meisten, aber das Thema, das Robert Flachenäcker hier behandelt, haben überraschend viele nicht auf dem Schirm. Marketing, Werbung, Verkaufen? „Ein gutes Produkt ist die beste Werbung" und „Die Hälfte der Werbeausgaben ist zum Fenster rausgeschmissen" sind zwei wohl bekannte Sprichworte zu dem Thema mit teilweise verheerenden Folgen. Ich kenne mich bis ins letzte Detail mit meinem Produkt oder meiner Dienstleistung aus, aber ich habe keine Ahnung, warum Menschen ohne die Begeisterung und Kenntnis meines Gegenstandes mir auch nur ihre Aufmerksamkeit schenken sollten, geschweige denn Geld für mich ausgeben sollen.

In der Kalkulation so manchen Konsumguts stecken 70 oder mehr Prozent in den Kosten für Marketing, Werbung und Vertrieb. Und zwar genau deshalb, weil nicht das Herstellen eines schmackhaften Schokoriegels die Herausforderung ist, sondern diesen Riegel zusätzlich oder statt eines anderen an Mann, Frau oder Kind zu bringen. An dieser Stelle tritt bei vielen Jungunternehmer*Innen der erste Frust ein. Sie sind selbstständig geworden, um mehr Zeit mit ihrem Produkt verbringen zu können statt in Meetings oder bürokratischen Abläufen, und jetzt müssen sie teilweise 50 oder mehr Prozent ihrer Zeit mit Verkaufen verbringen. Wieder nichts mit der Liebe zum Produkt. Wenn sie das gewusst hätten …

Und da kommt dieses Buch ins Spiel. Vielleicht hätte man im Titel sogar noch den Zusatz „und allen, die dies werden wollen" aufnehmen sollen. Denn an der Grundnotwendigkeit für Marketing, Werbung und Verkaufen kann auch dieses Buch nichts ändern. Das ist sozusagen eine Naturkonstante. Aber das Buch kann helfen, viele Fehler zu vermeiden – nein wir müssen nicht die gleichen Fehler alle auch selber machen, das glauben nur Teenager – und das Buch zeigt viele gelungene Abkürzungen.

Und das ist eine wichtige Aufgabe und der Grund, warum ich gerade dieses Buch für hilfreich halte. Denn sein Thema ist nicht besonders originell. Es ist sozusagen Mainstream-BWL und hängt Studierenden spätestens nach dem vierten Semester zu den Ohren raus. Das Besondere an diesem Buch ist – und da zeigt Robert, dass er sich selber genau an seine eigenen Worte hält – seine Fokussierung auf die Einzelunternehmer*Innen. Denn die Schul-BWL und ihre Fächer Marketing & Sales orientieren sich in ihren Inhalten an großen Unternehmen, an den BMWs, Nestlés oder Nikes dieser Welt. Zum einen, weil deren Gegenstände den Stoff erstmal spannender machen, und zum anderen, weil Lehrende und Studierende von der falschen Annahme ausgehen, Absolventen würden zum Großteil bei DAX30-Unternehmen oder globalen Marken arbeiten – tun sie jedoch nicht. D. h. keiner bereitet die Unternehmer auf eine Welt vor, in der man keine 100-Mann-Werbeagentur beauftragen kann plus eine Media- und eine Social-Media-Agentur, in der keine 20 Außendienstler mit 15 Jahren Vertriebserfahrung im Audi A4 für einen durch die Lande fahren oder ich jede Woche eine neue Kollektion nebst Werbematerial frei Haus geliefert bekommen. Die meisten von uns arbeiten als Unternehmer in einer Welt, in der sie all das alleine leisten müssen und in der sie jeden Euro fünfmal rumdrehen müssen, weil sie ihn für genau eine Aktivität ausgeben können und die muss sich rechnen.

Und hier sehe ich die besondere Qualität dieses Buches und der Schreibweise von Robert Flachenäcker. Er hat den Mut den großen Bogen zu spannen – für seine klar definierte Zielgruppe – und alles zu behandeln, was man wissen muss. Er scheut sich nicht Meinungen zu entwickeln, Prioritäten zu setzen und Empfehlungen zu geben. Dazu gehören schon Mut und eine gehörige Portion Selbstvertrauen. Nicht jeder würde sich z. B. trauen die Transaktionsanalyse – eine Theorie über die Dynamik zwischen Kommunikationspartnern, wo sie herkommt und wie man damit umgehen sollte – auf zwei Seiten zusammenzufassen. An der einen oder anderen Stelle werden Sie merken, dass Ihnen die Inhalte noch nicht ausreichen. Aber das ist ein gutes Zeichen, denn dann haben Sie Blut geleckt für das Thema Werben und Verkaufen, d. h. dann sind Sie wirklich auf dem Weg Unternehmer*In zu werden. Aber an vielen Stellen erspart Ihnen dieses Buch mit seiner klaren Sprache und seinem Mut zur Verdichtung schmerzhafte erste Fehler und es erspart Ihnen sehr viel Zeit auf diesem Weg zum/r erfolgreichen Unternehmer*In. Und darum will ich Ihnen die gesparte Zeit hier nicht gleich wieder klauen, sondern Sie entlassen ins hilfreiche, amüsante und manchmal auch provokante Buch von Robert Flachenäcker.

Wiesbaden Klaus Bernsau
im April 2019

Dr. Klaus M. Bernsau ist Kommunikationsberater und Informatiker. Er hat Kommunikationswissenschaft, Germanistik und Marketing an der TU Berlin und der Universität GHS Essen (heute Universität Duisburg-Essen) und angewandte Informatik an der Hochschule Rhein-Main in Wiesbaden studiert. Nach 15 Jahren in Marketing und Werbung hat Dr. Bernsau 2006 in Wiesbaden KMBl Konzept Management Beratung für Unternehmenskommunikation (www.bessere-kommunikation.com) gegründet. KMBl entwickelt Inhalte, Menschen, Medien und Prozesse für Unternehmen, um diese so im Zeichen der wachsenden Digitalisierung erfolgreicher zu machen.

Inhaltsverzeichnis

1 **Prolog: Über dieses Buch** 1
   1.1 So nutzen Sie dieses Buch am besten für sich 2
   1.2 Für wen dieses Buch nicht geeignet ist 2

2 **Unternehmerisches Denken – Voraussetzung für alles** 5
   2.1 Was ist nun unternehmerisches Denken? 8
   2.2 Bleiben Sie stets Verkäufer in eigener Sache 8
   2.3 Sammeln Sie nicht Zertifikate – sammeln Sie lieber Kunden 9
   2.4 Negativbeispiel für „Verkaufen in eigener Sache" 10

3 **Ihre Positionierung und Spezialisierung im Markt – die Grundlage von allem** 13
   3.1 Beispiel für unterschiedliche Märkte 13
   3.2 Positionierung und Spezialisierung = klare Erkennbarkeit in Ihrem Markt 14
   3.3 Entscheiden Sie sich besser für eine Spezialisierung 17
   3.4 Warum Ihre Positionierung so wichtig ist 19
   3.5 Kundennutzen in den Vordergrund 20
   3.6 Nutzen Sie den KBF Ihrer Kunden 21
   Literatur 22

4 **Wunschkunden und Zielgruppe** 23
   4.1 Beispiel für Wunschkunden 23
   4.2 Zusammenfassung des Kapitels „Positionierung" 27
   4.3 Red-Ocean- und Blue-Ocean-Märkte 28
   Weiterführende Literatur 29

5 Online-Marketing – lassen Sie sich im Internet von Ihrer Zielgruppe finden ... 31
- 5.1 Ziel von Online-Marketing ... 31
- 5.2 Ihre Website – Dreh- und Angelpunkt Ihres Online-Marketings ... 32
- 5.3 SEO – Suchmaschinenoptimierung ... 37
- 5.4 SEA-/SEM-Suchmaschinenmarketing ... 46
- 5.5 Lohnt sich die Anzeigenschaltung bei Suchmaschinen? ... 48

6 Social-Media-Marketing – Kunden gewinnen über XING, Facebook & Co ... 49
- 6.1 Welche Social-Media-Plattform ist die beste? ... 49
- 6.2 Ohne Kontakte keine Kontrakte – so finden Sie gute Kontakte auf XING ... 50
- 6.3 Wissen teilen – Gruppenmitgliedschaften in XING ... 51
- 6.4 Mit Facebook Kunden gewinnen – so geht es ... 52

7 Online-Funnel-Marketing ... 53
- 7.1 Was ist nun dieses Online-Funnel-Marketing? ... 53
- 7.2 Funktioniert der Online-Marketing-Funnel für mein Angebot? ... 55

8 Weitere Tipps für mehr Kunden und Aufträge ... 57
- 8.1 Preisgestaltung mit der Drei-Flaschen-Preisstrategie ... 57
- 8.2 Raus aus der Zeit-gegen-Geld-Falle ... 60
- 8.3 Aufmerksamkeit durch Vorträge ... 64
- 8.4 Aufmerksamkeit durch Webinare/Onlineseminare ... 64
- 8.5 Aufmerksamkeit durch Videos ... 66
- 8.6 Bloggen und Content Marketing ... 66

9 Elevator-Talk – für den ersten Eindruck gibt es keine zweite Chance ... 71
- 9.1 Sprechen Sie nur mit dem PaPo ... 73
- 9.2 Gehen Sie davon aus, dass Ihr Preis nicht zu hoch ist ... 75
- 9.3 Erst abkaufen lassen, dann dazu verkaufen ... 76

10 Verkaufsgespräche erfolgreich führen ... 77
- 10.1 Selbstbewusst und überzeugt sein ... 77
- 10.2 Professioneller Verkäufer in eigener Sache werden ... 78

11	**Menschen und Kommunikation im Verkauf verstehen**		81
	11.1 Grundregeln der Kommunikation		82
	11.2 Konstruktivismus		84
	11.3 Eisbergmodell der Kommunikation		86
	11.4 Spiegelneuronen		89
	Literatur		91
12	**Den eigenen Zustand im Verkauf managen**		93
	12.1 Zustandsmanagement – Du bist, was Du denkst		95
	12.2 Mentale Übung: Körperdrehung		96
	12.3 Die Geschichte der zwei Schuhverkäufer in Afrika		98
	12.4 Zustandsmanagement durch Katastrophentechnik		101
	12.5 Zustand managen durch Vorbereitetsein		103
	12.6 Zusammenfassung Zustandsmanagement für den Verkauf		104
	Literatur		104
13	**Menschentypen – Menschen einschätzen**		105
	13.1 Reiss-Lehre: Motivation und Motive von Kunden erkennen		105
	13.2 DISG®-Modell		110
	13.3 TA – Transaktionsanalyse		113
	13.4 Typisierungen aus der NLP		115
	13.5 Internale und externale Typen		117
	13.6 Optional vs. prozedural		118
	13.7 Generalisierung und Tilgung		119
	13.8 Detailorientiert vs. Übersichtsorientiert		120
	13.9 VAKOG-System		122
	13.10 Der Gegenteilsortierer		125
	Literatur		126
14	**Verkaufsgespräch**		127
	14.1 Aufbau eines Verkaufsgesprächs		128
	14.2 Die goldene Formel für Verkaufsgespräche		130
	14.3 Fragetechniken im Verkauf		133
	14.4 Paraphrasieren		136
	14.5 Hypnotische Sprachmuster im Verkauf		138
	Weiterführende Literatur		142

15 Einwandbehandlung ... 143
15.1 Was ist ein Einwand? ... 143
15.2 Unterscheiden Sie Einwand von Vorwand ... 144
15.3 Warum braucht es überhaupt eine Einwandbehandlung? ... 145
15.4 Grundlagen erfolgreicher Einwandbehandlung ... 145
15.5 Techniken zur Einwandbehandlung ... 147
Literatur ... 151

16 Verkaufsabschluss ... 153
16.1 Raus aus dem Beratermodus, rein in den Verkaufsmodus ... 154
16.2 Kaufsignale erkennen und nutzen ... 156
16.3 Weitere Kaufsignale erkennen ... 156
16.4 Abschluss einleiten ... 157

17 Cross- und Upselling ... 161
17.1 Sinnvolles Cross- und Upselling erkennen ... 161
17.2 Immer mit dem Nutzen beginnen ... 162

18 Diese Dinge gehören in kein Verkaufsgespräch ... 165
18.1 Der teuerste Buchstabe eines Verkäufers ... 165
18.2 Kein Problem ... 166
18.3 „Nicht" und „kein" ... 166
18.4 „Aber" sagen ... 167
18.5 Ich-Sprech ... 168
18.6 Man-Sprech ... 168
18.7 Probieren-Sprech ... 169
18.8 Mitleid mit dem Kunden haben ... 169
Literatur ... 171

Epilog: Übung macht den Top-Verkäufer ... 173

Anhang ... 175

Prolog: Über dieses Buch 1

Mit diesem Buch möchte ich Ihnen helfen, als Freiberufler, selbstständiger Unternehmer, Solopreneur und Kleinunternehmer an mehr Kunden und mehr Aufträge kommen.

Ein Schwerpunkt liegt auf der Neukunden- und Auftragsgewinnung mithilfe des Internets, Social Media und des Online-Marketings.

Das alleine reicht aber für die meisten Branchen, in denen sich kleinere Firmen und Selbstständige bewegen, nicht aus: Irgendwann klingelt mal das Telefon oder es kommt eine E-Mail mit einer Rückrufbitte an und spätestens dann ist verkäuferisches Geschick gefragt, um den Sack zu zu machen und den Umsatz einzufahren.

Ebenso sind Selbstständige in kleineren Strukturen in der Regel lokal auf Kundensuche und müssen somit auf vielen Netzwerkveranstaltungen, Businessstammtischen etc. im persönlichen Gespräch bestehen. Aus diesem Grunde habe ich diesem Buch ein eigenes Kapitel „Verkaufsgespräche" gewidmet.

„Für den, der nur einen Hammer hat, für den ist jedes Problem ein Nagel"
An dieses Zitat von Paul Watzlawick denke ich oft, wenn ich gerade wieder eine neue „Hilft-für-alles-und-jeden-Methode" im Internet kursieren sehe.

Manchmal scheint es mir, dass der Zwang, sich abgrenzen zu wollen so stark ist, dass die eigene Akquisemethode mit missionarischem Eifer jedem aufs Auge gedrückt wird, der vorbei kommt.

Während viele meiner Selbstmarketing-Coaching-Kollegen sich vielfach nur einen Teilausschnitt des komplexen Vorgangs „Akquise für Selbstständige" konzentrieren, begleite ich meine Kunden über den gesamten Prozess der Auftragsgewinnung.

Dieses Buch soll Ihnen vor allem dabei helfen, zu verstehen, welche Mechanismen in der Kundenakquise welche Rolle spielen, ein Gefühl dafür zu entwickeln, welche davon zu Ihrem Business passen und wie Sie diese für sich effektiv und effizient verwenden können.

© Springer Fachmedien Wiesbaden GmbH, ein Teil von Springer Nature 2019
R. Flachenäcker, *Mehr Kunden für Kleinunternehmen und Solopreneure*,
https://doi.org/10.1007/978-3-658-25909-9_1

Ich verwende als immer wieder auftauchendes Beispiel meine eigene Branche: Beratung, Coaching, Mediation. Die Techniken können aber alle Kleinunternehmer jeglicher Branchen anwenden.

Es ist oft nur eine Frage des Darübernachdenkens, wie die Tipps dieses Buches auch in anderen Branchen realisiert werden können. Dass selbst ein Handwerksbetrieb „Cat Content" erzeugen und diesen in einem werbewirksamen Blog darstellen kann, beweist der in diesem Buch beschriebene Malermeister mit den „Malerischen Wohnideen".

Der Auftragsgewinnungsprozess besteht im Wesentlichen aus den Bestandteilen:
- Unternehmerische Strategie/Vision
- Positionierung
- Zielgruppendefinition
- Wahl der geeigneten Marketing- und Akquisemittel
- Online-Marketing/Social-Media-Marketing
- Offline-Marketing/Verkaufs- und Kundengespräche
- Auftritt auf Netzwerkveranstaltungen
- Permanente Akquise
- Permanentes Beobachten und Verbessern

1.1 So nutzen Sie dieses Buch am besten für sich

Dieses Buch ist sehr umfangreich, bezogen auf seine Themenvielfalt. Sie werden sicher einiges kennenlernen, das Sie bisher noch nicht kannten. Dosieren Sie bitte die Anzahl der Tipps, die Sie umsetzen wollen. Machen Sie es wie der bekannte Bauer mit den Klößen: einen nach dem anderen.

Suchen Sie sich die Themen aus, die Ihnen für sich selbst am sinnvollsten erscheinen und fangen Sie schnell an, diese umzusetzen. Sobald sich eine gewisse Routine etabliert hat, nehmen Sie sich den nächsten „Leuchtturm" vor.

Achten Sie bitte vor allem auf den Aspekt „für sich selbst am sinnvollsten", denn nicht jeder Tipp in diesem Buch ist für jede Persönlichkeit und für jede Branche gleichermaßen geeignet.

1.2 Für wen dieses Buch nicht geeignet ist

Gerade im Online-Marketing kann man sehr viel über Messdaten auswerten und steuern (auch genannt Data-driven Marketing, Business Intelligence oder Big Data etc.).

1.2 Für wen dieses Buch nicht geeignet ist

So reizvoll das Thema auch ist, es funktioniert nur, wenn entsprechend große Zahlen vorhanden sind, um valide Statistiken zu erzeugen.

In der Regel bringen Splittests und dergleichen kleineren Unternehmen und Freiberuflern überhaupt nichts, da ihnen die ausreichend große Datenbasis dazu fehlt. Splittests sind Vergleiche von beispielsweise zwei verschiedenen Textpassagen einer Website auf deren Klickrate hin oder der Vergleich unterschiedlicher Buttons auf ihre Klickrate hin.

Dieses Buch bewegt sich an der pragmatischen Grenzlinie zwischen „Nutzen der möglichen Online-Marketing-Instrumente" und „Akquise im persönlichen Kontakt".

Daher ist es für größere Unternehmen, die unter Online-Marketing-Mechanismen verstehen, die nur mit Datenbanktechniken, AI/KI etc. zu bewältigen sind suchen, nicht geeignet.

Hierfür gibt es spezialisierte Werke von Kolleginnen und Kollegen, die sich damit gut auskennen.

Ebenso empfehle ich das Buch auch nicht für Online-Marketing-Profis und SEO-Spezialisten. Diese wissen sicher auch schon, was ich hier beschreibe und noch viel mehr.

Dieses Buch wird auch keinen Nutzen für Sie haben, wenn Sie es lesen und denken „Ja, das müsste man mal machen…". Der „Man" ist nämlich nicht verfügbar.

Sie werden nur einen Nutzen von diesem Buch haben, wenn Sie sich die Tipps, die Sie überzeugen, auch umsetzen.

Dieses Buch ist nicht geeignet für Menschen, die nicht bereit sind, das Wissen dieses Buches in die Praxis umzusetzen.

Unternehmerisches Denken – Voraussetzung für alles

2

Ab jetzt sind Sie Unternehmer. Überlegen Sie bitte genau, was Sie wann, wodurch und mit welchen Mitteln erreichen wollen. Alle Maßnahmen die Sie nun starten, müssen von diesem Ziel her gelenkt sein, unternehmerisch erfolgreich zu sein.

Ansonsten verbrennen Sie vermutlich aktionistisch Unmengen Zeit und viel Geld.

Einer der grundlegendsten Fehler, den viele Neulinge aber auch etablierte Freiberufler und selbstständige Unternehmer machen ist der, dass sie nicht unternehmerisch genug denken, um ihre Selbstständigkeit erfolgreich zu starten und durchzuführen.

Diese Aussage trifft nach meiner Erfahrung besonders zu für Menschen, die sehr spezialisiert sind und in ihrer Spezialisierung aufgehen.

Viele Freiberufler und Ein-Mann-Unternehmen sehen sich einfach als „guten Spezialisten", der nun darauf wartet, dass Kunden kommen.

Gerade bei Handwerkern und Ärzten sowie bei bestimmten IT-Freiberuflern klappt das momentan auch noch, da der Markt sie schlicht wegsaugt.

Zum einen kann sich aber niemand darauf verlassen, dass das auch in Zukunft noch so ist und es funktioniert auf keinen Fall mehr, wenn aus einem einzelnen Spezialisten ein „Unternehmen" wird.

Dann müssen vielleicht plötzlich „Kredite für Investitionen" über „Neukundenakquise" finanziert werden, die Art der Kunden verändert sich und vieles mehr.

Ich glaube daher, dass „klein sein" nicht damit einhergehen muss, dass man als Selbstständiger unternehmerisch denkt, oder nicht. Vielmehr bin ich fest davon überzeugt, dass unternehmerisches Denken eine Grundvoraussetzung für den Erfolg als Selbstständiger ist – unabhängig von der Größe des eigenen Betriebes.

Dazu gehört auch, dass Sie sich angewöhnen, vom Ziel her zu denken – also von Ihrem persönlichen unternehmerischen Ziel her – und daraus Ihre Entscheidungen ableiten.

Diese Überlegung ist z. B. wichtig bei der Frage, welche Netzwerkveranstaltungen der Region Sie besuchen oder wo Sie Ihren Standort aufschlagen.

Ich kenne eine Menge Kolleginnen und Kollegen, die regelmäßig auf Netzwerkveranstaltungen anzutreffen sind, auf der viele ähnliche Kolleginnen und Kollegen ebenfalls unterwegs sind; da ist der fachliche Plausch unter Profis sichergestellt.

Unternehmerisch sinnvoller wäre es jedoch, dorthin zu gehen, wo potenzielle Kunden unterwegs sind um bei diesen Vertrauen aufzubauen.

Nein, ich plädiere nicht dafür, dass Prinzip „Lust" zu ignorieren, aber ich rate Ihnen, unternehmerisch mit Ihrem Einsatz umzugehen – sei es nun Zeit oder Geld. Idealerweise können sie „Lust" mit „unternehmerisch richtig" kombinieren.

Denken Sie auch in Investitionen, statt nur in Ausgaben
Oftmals erlebe ich in Unterhaltungen auch, dass Selbstständige mit der Geldbörse des Privatmannes denken und entscheiden.

Ich mache mal an einem Beispiel deutlich, wo sich der Unterschied zeigt: bei den Themen Kredite und Kapitalbeschaffung.

Über die moralische Richtigkeit der Aufnahme von Krediten im Privatbereich kann man lange kontrovers debattieren und das soll hier auch nicht das Thema sein.

Als Selbstständiger wird man auf jeden Fall irgendwann in die Situation kommen, in der man Geld vorlegen muss, z. B. um einen Wachstumsschub zu erreichen.

Nehmen wir an, ein guter Kunde bietet Ihnen eine dauerhafte Auftragslage an, für die Sie eine neue Baumaschine anschaffen müssen oder mehr Mitarbeiter einstellen müssen, und Sie haben die Mittel nicht vollständig liquide auf der Bank liegen. Jetzt ist es für einen Unternehmer, der diesen Auftrag an Land ziehen möchte klar, dass er sich das Geld besorgt: von der Bank, von Geschäftspartnern oder Crowdfunding-Plattformen, von Oma…

Dieser Kredit dient einer Investition, die sich unternehmerisch wieder bezahlt machen soll. Sie soll einen positiven ROI (Return on Invest) erzielen.

Während „Lieschen Müller" sich entscheiden kann, noch ein bisschen zu sparen, um sich die neue Couchgarnitur zu kaufen, und es sich noch locker für ein weiteres Jahr auf der alten Couch bequem machen kann, würde diese Einstellung beim Unternehmer den Verlust des neuen Auftrags bedeuten – vielleicht sogar den Verlust der gesamten Kundenbeziehung.

2 Unternehmerisches Denken – Voraussetzung für alles

Der Unternehmer/Selbstständige, egal wie groß oder klein sein Unternehmen ist, muss alle Fragen immer aus unternehmerischer Sicht beurteilen – nicht aus privater.

Das gilt auch für Geldfragen. Die Einstellung „ich nehme doch keinen Kredit auf" oder „Social Media finde ich blöd" mag aus privater Sicht völlig OK sein – aus unternehmerischer Sicht kann sie eine Katastrophe bedeuten und Sie als Selbstständiger am Wachstum hindern.

Diese Einstellung sehe ich übrigens bei vielen Spezialisten nicht nur bei der Frage der Investition in Baumaschinen, sondern auch z. B. bei der Frage der E-Mail-Adresse oder der eigenen Website oder der Frage, ob man für die XING-Premium-Mitgliedschaft 7 EUR im Monat ausgibt oder lieber das eingeschränkte Profil behält.

Wenn XING (oder eine andere kostenpflichtige Social-Media-Plattform) die richtige für Ihr Business ist, dann nutzen Sie diese bitte richtig. Wenn die Plattform nicht zu Ihrem Business passt, brauchen Sie auch das kostenlose Profil nicht.

Beim Thema „Sparen an der Website oder der E-Mail-Adresse" sieht man auf Firmenfahrzeugen dann so etwas wie „Hans-Meier-77-Coaching@web.de" oder „dergutehausmeisterservicemueller@t-online.de", statt: „mail@hausmeister-mueller.de".

Also, auch wenn Sie für sich privat keinen Cent für eine ordentliche Webadresse (Domain) und eine gescheite E-Mail-Adresse ausgeben würden – der Markt sieht es als sogenanntes Trust-Signal an, also ein Baustein(chen) auf dem Weg zum Vertrauen in Ihr Business.

Weitere Beispiele dafür sind kombinierte Privat-/Geschäfts-Telefonnummern, vielleicht noch mit kombiniertem Anrufbeantworter: *„Hallo das ist der Anschluss von Jana-Nicole, Torben-Nic sowie Peter und Maria Holzenbichler UND der Executive-Beratung ‚Upstairs only'. Bitte hinterlassen Sie Ihr Anliegen auf Band..."*

Das ist nicht vertrauenserweckend. Niemand wird eine ernsthafte Anfrage hinterlassen – schon deshalb nicht, weil er nicht sicher sein kann, dass Torben-Nic sie nicht versehentlich löscht oder seinen Kumpels im Kindergarten davon erzählt.

Eine eigene Telefonnummer fürs Geschäft ist heutzutage ebenso erschwinglich, wie eine adäquate E-Mail-Adresse und eine passende Internetdomain für Ihr Business.

Wer die paar Euro unternehmerisch nicht aufbringen kann, sollte seinen Businessplan überprüfen.

2.1 Was ist nun unternehmerisches Denken?

Jeder, der z. B. eine Kfz-Produktion gründen will, sorgt normalerweise für ausreichend Kapital und eine Unternehmensstruktur. Er baut zuerst ein Gebäude, Produktionsstätten, führt eine Werbekampagne durch, baut mit seinen Angestellten und Arbeitern Produkte und verkauft sie über sein Vertriebsnetz. Erst dann verdient er nach und nach Geld.

Unternehmer investieren erst strategisch, erschließen sich einen Markt und halten dann durch Verkauf und Innovation die „Maschine" in Gang.

Vielen freiberuflichen Spezialisten und Kleinunternehmern fehlt diese Denkweise: Sie machen irgendwo eine Tür auf und hoffen, dass das Geld schon kommt. Strategisches Marketing mit entsprechender Positionierung und allem, was dazu gehört, scheint nicht selten ins Hintertreffen zu geraten.

Ich empfehle Ihnen dringend, sich unternehmerisch aufzustellen. Fortan sind Sie Unternehmer, auch wenn Sie alleine selbstständig unterwegs sind, um Ihr Geld zu verdienen. Bitte verhalten Sie sich entsprechend. Gehen Sie vor allem strategisch, visionär und planvoll vor und denken und entscheiden Sie stets von Ihrem Ziel her.

2.2 Bleiben Sie stets Verkäufer in eigener Sache

Zum unternehmerischen Denken gehört auch – und gerade als Ein-Mann-Show – dass Sie Verkäufer in eigener Sache werden und bleiben.

Ich kenne einige Fälle von Spezialisten, die aus guten Jobs heraus in die Selbstständigkeit als Berater gewechselt sind, einige Zeit dann selbstständig auf ihrer ehemaligen Stelle gearbeitet und dabei gut verdient haben. Als sie jedoch gezwungen waren, sich irgendwann nach neuen Aufträgen umzusehen ging es schief, weil sie die unternehmerischen Strukturen wie Marketing, Vertrieb und Netzwerk nicht etabliert hatten.

Viele IT-Freiberufler verbringen lieber jeden Tag im Projekt und schreiben möglichst viele Rechnungen, anstatt auch einen Teil ihrer Zeit in Netzwerken und Marketing zu stecken.

Das rächt sich spätestens dann, wenn der Kunde, der bisher den Auftrag immer wieder verlängert hat, plötzlich – aufgrund einer geänderten Firmenpolicy – alle Freiberufler kündigt.

Zuletzt gab es 2018 in Deutschland eine solche große Welle bei einer deutschen Großbank, die viele Freiberufler ihre sicheren Jobs kostete.

Während andere Unternehmen den Vorgang des Verkaufens an die Verkaufsabteilung auslagern, sind Sie als Ein-Mann-Unternehmen meist alleine für den Verkauf Ihrer Dienstleistungen oder Produkte zuständig.

Sie kommen also nicht darum herum, Verkäufer in eigener Sache zu werden. Ich rate Ihnen, sich mit den Themen „Verkaufen" und „Selbstmarketing" intensiv zu beschäftigen, entsprechende Fähigkeiten anzueignen und das Verkaufen auf keinen Fall dem Zufall zu überlassen.

2.3 Sammeln Sie nicht Zertifikate – sammeln Sie lieber Kunden

Ich kenne eine Menge Kolleginnen und Kollegen, Coaches, Trainer und Berater, vor denen ich fachlich größten Respekt habe.

Nicht nur, dass sie noch viel mehr Zertifikate besitzen als ich, sie sind auch tatsächlich methodisch als Coach oder Therapeut viel, viel besser ausgebildet als ich.

Die meisten von ihnen sind aber beruflich völlig erfolglos.

Und dann gibt es Kolleginnen und Kollegen, die in meiner Wahrnehmung keinen guten Job machen und sie haben volle Auftragsbücher.

Was diese besser machen, als die anderen: Sie verkaufen sich geschickter. Sie erzählen ihren potenziellen Kunden nicht einfach nur, was sie alles gelernt haben und mit welchen Methoden sie arbeiten, sondern sie gehen auf das ein, was der Kunde braucht und hinterlassen den Eindruck, dass sie helfen können.

Sie laden ein mit „Kommen Sie mal vorbei, dann besprechen wir das..." und sie machen den Sack im Termin dann einfach zu.

Der Ernährungsberater, der eigentlich etwas ganz anderes ist
Seit Jahren kenne ich einen Mann mittleren Alters, der als Ernährungsberater und Ernährungscoach arbeitet. Ich treffe ihn im Rhein-Main-Gebiet immer wieder auf einer der unzähligen Businessveranstaltungen und ich bin sicher, dass er seinen Job auch gut macht.

In Gesprächen habe ich den Eindruck gewonnen, er kennt sich im Bereich „Ernährung" aus und er selbst repräsentiert als schlanker Mensch, dass er auch lebt, was er erzählt. Ich kenne mittlerweile mehrere Frauen, die mir in vertraulicher Minute erzählten, dass sie mit Hilfe genau dieses Ernährungscoaches ihr Gewicht reduziert hätten.

Dieses Coaching macht er übrigens nicht kostenlos: Für das Programm ruft er 400 EUR auf.

Bemerkenswert finde ich, dass der Coach überhaupt gar keine offizielle Ausbildung im Bereich „Ernährung" oder „Gesundheit" vorzuweisen hat: Er ist weder Ökotrophologe, noch Arzt, noch ausgebildeter Psychotherapeut, sondern schlicht Diplom-Ingenieur (Maschinenbau).

Aus diesem Beispiel wird eines deutlich: Unsere Zielgruppe kauft uns dann etwas ab, wenn sie davon überzeugt ist, dass wir die richtigen sind, um ihr Problem zu lösen oder ihren Wunsch zu erfüllen.

Sie kauft uns nichts ab, weil wir „methodisch gut sind" und dies durch Zertifikate und dergleichen belegen können.

▶ Deshalb: Seien Sie methodisch gut und üben Sie sich im Verkaufen. Dann werden Sie unternehmerisch erfolgreich sein und Kunden auch behalten.

2.4 Negativbeispiel für „Verkaufen in eigener Sache"

Eine befreundete Coachin erzählte mir unlängst, sie sei von einem Kunden, für den sie Potenzialanalysen angefertigt hatte, gefragt worden, ob sie jemanden empfehlen könne, der für das Unternehmen auch Kommunikationstrainings durchführen könne. Sie dachte darüber nach und empfahl ihrem Kunden eine Kollegin.

Wieder zuhause angekommen raufte sie sich die Haare, denn: Als ausgebildete Coachin und erfahrene Organisationsentwicklerin hat sie genügend Handwerkszeug in ihrem Koffer, um diese Anfragen auch selbst zu bedienen.

Sie hätte ihren Kunden erst einmal fragen können, was genau er sich unter „Kommunikationstraining" vorstellt, hätte den Auftrag an Land ziehen können und sich bei Bedarf im Unterauftrag der Kollegin bedienen können.

Vielleicht hätte sie aber auch gar keine Unterstützung mehr benötigt – hätte sie gewusst, was genau der Kunde haben möchte.

Während „America First" sicher die Welt unnötig durchrüttelt ist die Einstellung „Mein Unternehmen zuerst" dagegen die richtigere Einstellung für Selbstständige.

Als Unternehmer ist es durchaus legitim auch mal zu fragen: „Was ist denn drin für mich?", anstatt einem Kunden – einfach mal so – als Auskunftei zu dienen und anderen Kollegen Aufträge zu verschaffen – und das womöglich noch ohne Gegenleistung.

2.4 Negativbeispiel für „Verkaufen in eigener Sache"

Bitte denken Sie daran, dass Sie am Ende des Monats die Rechnung für Ihren Firmenwagen, Ihr Büro und Ihre Altersvorsorge aus den Mitteln begleichen müssen, die Sie als Unternehmer erwirtschaften. Dies unabhängig davon, ob Sie alleine oder mit 100 Mitarbeitern unterwegs sind. Daher erneut der Appell: Verhalten Sie sich bitte entsprechend unternehmerisch.

Ihre Positionierung und Spezialisierung im Markt – die Grundlage von allem

3

Nun geht es an die Grundlagen des Marketings, die wiederum die Grundlage jeglicher Akquisemaßnahmen sind, also z. B.

- Besuch von Netzwerkveranstaltungen
- Die Gestaltung der eigenen Website
- Anzeigenschaltung
- Flyer drucken lassen
- usw.

Lassen Sie uns zunächst ein paar grundlegende Begriffe definieren, die in diesem Zusammenhang eine Rolle spielen.

▶ **Was ist Marketing?** Marketing umfasst alle Maßnahmen zur Erschließung eines Marktes.

▶ **Was ist der Markt?** Der Markt ist das, wo sich Angebot und Nachfrage treffen.
Ihr Markt kann also ganz woanders sein, als der eines Freundes, der in derselben Branche selbstständig ist.

3.1 Beispiel für unterschiedliche Märkte

- Onlinehandel = Internet
- Ladengeschäft = lokaler Markt
- Architekt = lokale Baubranche

- Lokaler Bauunternehmer = Hausbauer im Umkreis von 50 km
- Bauindustrie = deutschlandweite Großvorhaben
- Coaching für Unternehmen = Firmen lokal
- Online-Coaching für Firmen = alle Firmen im deutschsprachigen Raum
- Personal-Coaching für Privatleute = alle Menschen mit persönlichen Problemen im Umkreis von 20 km

Diese Auflistung könnte ich beliebig fortsetzen. Sie soll Ihnen vor allem klar machen, dass es unerlässlich für Sie als Selbstständiger ist, sich bewusst zu machen, dass Sie sehr genau hinschauen müssen, womit Sie es bei „Ihrem Markt" und damit „Ihrem Marketing" zu tun haben werden.

3.2 Positionierung und Spezialisierung = klare Erkennbarkeit in Ihrem Markt

Positionierung und Spezialisierung werden von manchen Kollegen synonym verwendet, was ich persönlich für nicht hilfreich halte. Man kann sich ebenso als „Spezialist" positionieren, wie als „Generalist" oder „Universalist".

Das kommt darauf an, was man anbieten möchte und wie man seine Zielgruppe definiert und seine Wunschkunden aussucht.

▶ **Mit Ihrer Positionierung beantworten Sie für Ihren Markt die Fragen**

- *Welche Probleme meiner Zielgruppe löse ich oder welche Wünsche meiner Zielgruppe erfülle ich?*
  und
- *Was macht mich dabei besonders (attraktiv für meine Kunden)?*

Viele Spezialisten in ihrem Fach sind zu einem Großteil vergleichbar mit anderen Spezialisten ihres Faches – zumindest auf den ersten Blick und durch die Augen eines potenziellen Kunden.

Gleichzeitig unterscheiden sie viele Details voneinander, die Sie nur als Spezialist sehen können und die vielleicht für Interessenten von Nutzen sein können.

Was aber ist nun der Unterschied zu Ihren Kollegen, der Sie unverwechselbar für Ihre Kunden macht? Der Unterschied, der Sie aus der Masse offensichtlich gleicher Anbieter abhebt?

3.2 Positionierung und Spezialisierung = klare Erkennbarkeit ...

Der wichtige Schritt der Positionierung – auch in Suchmaschinen – hat mit „Online" oder „Technik" oder „Werbung" gar nichts zu tun.

„Positionierung" ist der Vorgang, Ihre Stärken, Besonderheiten, den Kundennutzen und Ihre Persönlichkeit in Ihrem Markt so darzustellen, dass Sie von potenziellen Kunden als Experte erkannt und gebucht werden.

Besonders erwähnenswert in diesem Zusammenhang: Ihre Positionierung ist Ihre Entscheidung. Sie müssen sich entscheiden, was Sie der Welt erzählen wollen, wofür Sie stehen und wieso Sie das besser können, als Ihre Mitbewerber.

Ihre Positionierung ist eine der wichtigsten strategischen Entscheidungen, die Sie als Selbstständiger treffen. Überlassen Sie diese keinesfalls dem Markt, denn der „positioniert Sie schon irgendwo", ob Sie dort aber sein wollen, ist ihm egal.

Ihre Positionierung hat streng genommen nichts mit dem zu tun, was Sie gut können. Mit Ihrer Positionierung legen Sie fest, wofür der Markt Sie sehen soll, und auf dieses Ziel richten Sie Ihre gesamte Marketingenergie aus.

Beispiel Positionierung in der Bauindustrie
Sie haben jahrelang erfolgreich als Altbausanierer mit Lehmbau an Fachwerkhäusern gearbeitet.

Nun wollen Sie aber bei größeren Bauvorhaben mitmischen und richten Ihr Marketing und Ihre Akquise darauf aus, von großen Bauträgern als zuverlässiger Partner wahrgenommen zu werden, um in einer großen Stadt Hochhaus-Bürozentren zu errichten.

Wenn Sie sich nun in Ihrer neuen Zielgruppe der Bauträger als Spezialist für Lehmbau mit Fachwerk positionieren, werden die Aufträge sicher ausbleiben.

Denn: Was nutzt es den Kunden der Bauindustrie, wenn Sie Spezialist in „Altbausanierung von Lehm-Fachwerkhäusern" sind? **Genau: nichts!**

Wenn Sie also fortan den Markt der Bauindustrie für sich erobern wollen, dann müssen Sie der Welt erklären, warum gerade Sie der geeignete Partner für ihre Kunden sind. Im obigen Fall sogar, warum Sie trotz Ihrer, nicht für die neue Branche passende Expertise, der Richtige sind.

Die ausführliche Beschäftigung mit der eigenen Positionierung wird gerne leider sträflich vernachlässigt. Das ist mitunter deshalb so, weil man sie zunächst einmal nicht „sieht".

Sie erzeugen viel schneller nach außen sichtbare Ergebnisse, wenn Sie z. B. eine Website bauen (lassen) oder einen Flyer drucken (lassen). Da haben Sie sofort etwas in der Hand und können etwas zeigen. Bei der Positionierung erzeugen Sie tagelang Ideen, verwerfen sie wieder, führen sie weiter, verwerfen sie wieder etc. Sie kommen nicht schnell zu Ergebnissen, die nach außen sichtbar werden.

Aber: Dieser Schritt der eigenen Positionierung ist absolut notwendig, um überhaupt ein erfolgreiches Online-Marketing und einen anschließenden Verkauf durchzuführen.

Dies ist gerade in sogenannten Red-Ocean-Märkten notwendig, in denen eine große Anzahl von Anbietern auf eine vergleichsweise kleine Anzahl von Nachfragern trifft (zu Red- und Blue-Ocean-Märkten vgl. Abschn. 4.3).

Um sich hier erkennbar abzuheben (was ist der Unterschied, der den Unterschied macht?) und magnetisch auf Kunden zu wirken, müssen Sie sich klar positionieren und diese Positionierung muss methodisch einwandfrei durchgeführt werden.

Ich selbst benutze hierzu eine Methode nach Prof. Alfred Mewes, auch als „EKS" bekannt. EKS bedeutet „Engpasskonzentrierte Strategie". Ein hilfreiches Buch dazu stammt von Kerstin Friedrich, „Fokus finden: Erfolg durch engpasskonzentrierte Strategie".

Laut Mewes (Mewes 2000) bedeutet Positionierung, sich innerhalb eines Marktsegmentes, das bereits von anderen Anbietern besetzt ist, so aufzustellen, dass Sie mit Ihrem Angebot als idealer Problemlöser/Spezialist von Interessenten und potenziellen Kunden wahrgenommen werden können. Zudem erweitern Sie Ihre Kenntnisse auch stets, was Sie zu einer fachlichen Spezialisierung führt und Ihnen damit Wettbewerbsvorteile verschafft.

Ihre Positionierung beschäftigt sich nicht mit dem, was Sie können (Spezialistendenken), sondern mit dem, was Ihre Zielgruppe davon hat (Nutzen aus Kundensicht), wenn sie mit Ihnen zusammen arbeitet.

▶ **Ihre Positionierung beantwortet den Marktteilnehmern klar und deutlich glaubhaft folgende Fragen**
- *Welches Problem lösen Sie für wen?*

und/oder

- *Welchen Wunsch erfüllen Sie für wen?*
  Und zwar besser als andere!

Wenn Sie diesen Schritt auslassen ist es so, als würden Sie ein Schiff bauen wollen, ohne dass Sie wissen, auf welchem Gewässer es fahren soll. Natürlich wird ein Ozeandampfer anders konstruiert als ein Hausboot, das auf dem Main bei Würzburg liegt.

Ihr Schiff ist in diesem Fall Ihr Marketing, das Gewässer ist der Markt, in dem Sie fahren.

Lassen Sie Positionierung aus, investieren Sie womöglich viel Geld und Zeit in Ihr Marketing, ohne zu wissen, was Sie denn genau bewerben wollen und ohne, dass Ihr Markt Sie wahrnimmt.

3.3 Entscheiden Sie sich besser für eine Spezialisierung

Viele Freiberufler und selbstständige Unternehmer springen beim Thema Positionierung zu kurz: Sie denken, wenn sie beispielsweise als „Coach für die Überwindung von Burnout" oder als „Trainer für Kommunikation" oder als „Datenbankspezialist" auftreten, reiche das aus, um Kunden zu gewinnen.

Das ist aber noch nicht spitz und positioniert genug. Wenn Sie einmal nach „Coaching Burnout" googeln werden Sie schnell feststellen, dass es hunderttausende Einträge dazu gibt. Das macht es schwierig, sich in diesem Markt zu behaupten, wenn Sie dasselbe anbieten, wie die anderen.

Stellen Sie sich das Fach aus dem Sie kommen einfach mal als Baum vor, der einen Stamm und zig Verästelungen hat. Ihre fachliche Positionierung ist dann gut, wenn sie einem möglichst kleinen Ast entspricht.

Beispiel für eine Spezialisierung im Baum-Prinzip
Stamm:
Coaching
Ast 1:
Coaching für Unternehmen
Feiner Ast:
Coaching zur Verbesserung von Kommunikation in Unternehmen
Noch feinerer Ast:
Coaching zur Verbesserung von Kommunikation in Unternehmen mit interkulturellen Herausforderungen
Noch feinerer Ast:
Coaching zur Verbesserung von Kommunikation in Unternehmen mit interkulturellen Herausforderungen zwischen deutscher und tibetischer Mentalität

Je nach Ihrer persönlichen Präferenz, oder einfach, weil Sie es als am erfolgversprechendsten empfinden, können Sie weitere Spezialisierungen verästeln.

Im obigen Schiffsbeispiel könnten das sein: *„Für Unternehmen der Schiffsbaubranche, die sich mit dem Bau von Schiffen zwischen X und Y BRT beschäftigen..."*

Wichtig bei der Positionierung ist, dass sie von Menschen mit gleichem Problem oder Wunsch wahrgenommen wird. Sie müssen Ihrer Zielgruppe glaubhaft erklären können, warum gerade Sie diese Wahrnehmung als Spezialist auch verdienen.

Die Frage, in welcher Branche Sie die Menschen dann mit Ihrer Werbung ansprechen oder wo Sie akquirieren ist dann Ihre persönliche Entscheidung, z. B. aufgrund der Tatsache, dass Sie in einer bestimmten Branche schon bekannt sind und dadurch leichter Zugang zu Aufträgen für sich sehen.

In meinem Fall ist es z. B. folgende Positionierung mit Spezialisierung:

„Ich bin Coach für Freiberufler, Kleinunternehmer und Solopreneure. Mit meinem Angebot helfe ich meinen Kunden dabei, mehr Kunden und Aufträge durch den effektiven und effizienten Einsatz der für sie persönlich passenden Marketing- und Akquiseinstrumente zu gewinnen.

Ich begleite meine Kunden von der Entwicklung einer Geschäftsidee bis zur erfolgreichen Vermarktung und stehe ihnen als persönlicher Sparringpartner zur Seite.

Mein Coaching gibt es in einer Kombination aus Vor-Ort-Coaching, Online-Coaching & E-Mail-Coaching".

Diese Positionierung funktioniert völlig branchenunabhängig. Allerdings ziehe ich aufgrund meiner Expertise als Coach, Mediator und Kommunikationstrainer auch immer wieder besonders Coaches, Trainer und Berater an.

Was ich mit dieser Positionierung u. a. nicht anbiete
- Fachcoaching für Marketingabteilungen in Konzernen und größeren Unternehmen
- Data-driven Marketing
- Das Ausarbeiten von Flyern
- Fachcoaching für Architekten, Ärzte, Coaches, Therapeuten und Maurer
- Ausschließlich Vor-Ort-Coaching

Was ist bei mir der „Unterschied, der den Unterschied macht"?
- Ich biete persönliche Begleitung an – statt z. B. Videokurse
- Bei mir werden Kunden dennoch ortsunabhängig gecoacht (E-Mail- und Online-Coaching)

- Ich biete meinen Kunden eine Gesamtbegleitung an – statt z. B. nur „automatisierte Kundengewinnung per E-Mail"
- Ich bin spezialisiert auf kleinere Unternehmer jeder Art
- Ich bin vor allem ich – mit meiner Sprache, meiner Kleidung, meiner direkten Art usw. Ich fahre stets kleine, einfache Autos und trage auch sonst keine Statussymbole vor mir her.
Ich beziehe öffentlich Stellung zu gesellschaftlichen und politischen Themen und ich habe keine Scheu davor anzuecken und zu polarisieren.

Das alles gefällt manchen und manch einem nicht, aber es gehört bei Kleinunternehmern ebenso zur Positionierung dazu, wie alles andere.

▶ **Merke:** Wer jedem gefallen möchte, gefällt bald niemandem mehr.

3.4 Warum Ihre Positionierung so wichtig ist

In den meisten Märkten sind sie als neuer oder auch als etablierter Anbieter nicht der Einzige, der Ihre Dienstleistung anbietet. Es gibt zum Beispiel Coaches, Trainer, Therapeuten, Rechtsanwälte und andere Spezialisten wie Sand am Meer.

Für einen Interessenten, der sich für Sie entscheiden soll, müssen Sie deutlich machen, warum gerade Sie derjenige sind, bei dem er anrufen und einen Termin ausmachen soll. Ich erkläre das mal an einem Beispiel:

Beispiel: Positionierung Orthopäde
Nehmen wir an, Sie haben furchtbare Kreuzschmerzen – und das seit Wochen.

Die Ärzte, die Sie bisher besuchten, haben Ihnen nicht wirklich nachhaltig helfen können.

Nun schlagen Sie ein Branchenbuch auf (oder sie besuchen eines im Internet) und suchen nach „Orthopäden" in Ihrer Nähe. Bei den 250 Einträgen, die Sie dort finden, erfahren Sie logischerweise von jedem, dass er Arzt und Orthopäde ist.

Einer der Orthopäden jedoch schreibt in seinem Eintrag im Branchenbuch *„Spezialist für die Beseitigung von Kreuzschmerzen jeder Art"*.

Wen rufen Sie vermutlich als erstes an?

Dieser Arzt hat sich klar positioniert: als Problemlöser für Kreuzschmerzen – also ist er exakt das, was Sie suchen.

Sicher wird dieser Arzt auch Handgelenke und andere Knochenteile heilen können. Aber mit einer hohen Wahrscheinlichkeit ist er der Richtige für Ihr Problem – zumindest vermittelt er Ihnen das.

Für Freiberufler und selbstständige Spezialisten empfehle ich eine Positionierung, die aus einer besonderen Problemlösungskompetenz („Kreuzschmerzen beseitigen") und einer unverwechselbaren persönlichen Komponente besteht (z. B. „Ihr Kreuzschmerzspezialist, der immer Zeit für eine Tasse Tee mit seinen Patienten hat").

Wichtig bei der Positionierung ist, dass Sie den Nutzen für Ihren Kunden darstellen (kreuzschmerzenfrei leben, frittieren ohne Fett – Kalorien sparen und lecker essen, Lehmbau ohne Sorgen...).

3.5 Kundennutzen in den Vordergrund

Um das Thema „Nutzen in der Positionierung" noch einmal etwas deutlicher zu machen, nutze ich gerne das Beispiel der Positionierung eines Bauunternehmers aus Wiesbaden: **Der Malermeister mit den „malerischen Wohnideen".**

Achten Sie mal darauf, was Sie typischerweise auf Autos und in Anzeigen von Handwerkern lesen können. Bei Malern steht da oft so etwas wie:

„Baudekoration" (ich habe Jahre gebraucht um zu verstehen, dass es sich dabei um Malerei handelt), gefolgt von Techniken wie: „Anstrich – Spachteln – Tapezieren", usw.

Mal ehrlich: Das ist doch so spannend, wie Farbe beim Trocknen zuzusehen, oder?

Klar erwarten wir, dass ein Malermeister spachteln kann und weiß, wie er Tapeten an die Wand kriegt. Wir erwarten auch, dass Coaches coachen können und Therapeuten therapieren können.

Und nun der Malermeister aus Wiesbaden: „Malerische Wohnideen", „Fugenlose Bäder" und auf seiner Website sehen Sie nicht etwa, wie er und sein Team spachteln und tapezieren und über schmutzige Baustellen stolpern, sondern Sie sehen, wie es am Ende aussieht, wenn er und sein Team „eine malerische Wohnidee" umgesetzt haben.

Sie sehen traumhaft schöne Bäder, reich verzierte Treppenhäuser und wunderschöne Wohnzimmer.

Nun, was finden Sie besser? Einen Malermeister, der „spachteln" kann, oder einen, der Ihnen „ein schönes Wohnzimmer hinterlässt"?

3.6 Nutzen Sie den KBF Ihrer Kunden

Haben Sie schon mal was vom KBF gehört? KBF ist die Abkürzung für **Kittelbrennfakor.**
Es ist ein Synonym für die Not (den Wunsch) Ihres Kunden, für deren Beseitigung er bereit ist das Geld auszugeben, das Sie aufrufen.

Nehmen Sie mal an, Sie haben einen ganz normalen Menschen vor sich, der eine Erkältung hat, die ihn ans Bett fesselt – für eine Woche. Wie viel wäre es diesem Menschen wohl wert, ihn von seiner Erkältung innerhalb von 3 h zu heilen?

Vielleicht 50 EUR, vielleicht 100 EUR, vielleicht 500 EUR (wenn er etwas solventer ist). Ansonsten bleibt er halt daheim und kuriert sich auf Kassenkosten aus.

Nun stellen Sie sich einen Menschen vor, der seit Jahren auf eine Weltreise gespart hat. Dieser Jemand hat sein gesamtes Hab und Gut verkauft, zehntausende Euro in Flugtickets für seine genau ausgetüftelte und durchgetaktete Weltreise investiert und er steht 2 Tage vor dem Abflug. Eine Reiserücktrittsversicherung hat er nicht.

Mit einer Erkältung ist eine Flugreise nicht zu empfehlen – das weiß er.

Was glauben Sie, wie viele Euro es diesem Menschen wert wären, von Ihnen innerhalb von drei Stunden geheilt zu werden?

Vielleicht wären selbst 5000 EUR für ihn noch ein Schnäppchen, im Vergleich zur Alternative der verpatzten Weltreise.

Dieses konstruierte Beispiel verdeutlicht die Wichtigkeit des KBF. Ohne, dass Ihrem Kunden der Kittel brennt, werden Sie kaum eine Chance haben, Ihrem Kunden eine angenehme Menge Geld zu entlocken, um in den Genuss Ihrer Dienstleistung zu kommen.

Überlegen Sie sich also genau, welche brennenden Kittel Sie bei Ihren Kunden löschen können.

Dabei spielt es natürlich keine Rolle, für wie groß Sie selbst das Problem Ihres Kunden erachten: Er legt die Not seines Problems fest und, was ihm dessen Lösung wert ist.

Geschickte Verkäufer schaffen es hin und wieder, das Gefühl für den KBF ihres Gesprächspartners zu erhöhen. Üben Sie sich darin…

Praxiserfahrung
Ich selbst bin auch ausgebildeter Hypnosecoach und Hypnosetherapeut und habe eine Zeit lang Raucherentwöhnungen angeboten. Die Akquise an sich funktionierte gut. Ich schaltete Anzeigen bei Google und erhielt immer wieder Anfragen.

Eine der am meisten gestellten Fragen der Anrufer war: „Zahlt das auch die Kasse?", gemeint war die Krankenkasse. Auf mein „Nein" hin kamen dann viele Aufträge nicht zustande.

Kurz gesagt deshalb, weil der KBF der Anrufer kleiner als 395 EUR war, denn das ist der Preis, den ich für die Behandlung verlangt habe.

Viele Raucher gefährden also weiterhin lieber ihre Gesundheit, als selbst 395 EUR für die Lösung „Nichtraucher zu werden" zu investieren.

Ganz anders sieht das übrigens bei teuren Handys oder anderen technischen Gadgets aus. Da scheint der KBF in der gleichen Kundengruppe viel höher zu sein. Das dringende Problem, nicht das neueste Smartphone zu besitzen, wiegt schwerer als die 1000 EUR, die sie in 2 Jahren als Kredit dafür abtragen.

Ich habe daraus folgende Erkenntnis gezogen, die ich gerne an Sie weitergeben möchte:

Nicht **Sie** bestimmen, was der KBF Ihres Kunden wert ist, sondern der Kunde bestimmt es.

Sie können den KBF allerdings erkennen und bedienen.

Wie oft habe ich schon als Kommunikationstrainer in Unternehmen gehört: „So jemanden wie Sie bräuchten wir auch mal, der uns den richtigen Umgang miteinander beibringt..." und wenn ich dann sagte: „Kein Thema – unterschreiben Sie bitte hier und überweisen Sie 5000 EUR", dann war der KBF plötzlich doch nicht mehr so hoch.

Abschließend zum Thema möchte ich Ihnen nur noch einmal dringend und drängend ans Herz legen, viel Mühe in Ihre eigene Positionierung zu stecken, indem Sie aus Sicht Ihrer Kunden die Fragen beantworten können:

1. Welches Problem lösen Sie für Ihren Kunden?
2. Welchen Wunsch erfüllen Sie für Ihren Kunden?

Literatur

Mewes, Wolfgang. 2000. *Mit Nischenstrategie zur Marktführerschaft. Beratungs-Handbuch für mittelständische Unternehmen: Mit Nischenstrategie zur Marktführerschaft*, Bd. 1. Zürich: Orell Füssli.

Weiterführende Literatur

Friedrich, Kerstin. 2012. *Fokus finden: Erfolg durch engpasskonzentrierte Strategie*, ISBN 9783862706419, Kindle-Edition.

Wunschkunden und Zielgruppe 4

Nachdem Sie Ihre Positionierung gefunden haben, können Sie sich daran machen, zu überlegen, für wen Sie Ihre Dienstleistung eigentlich anbieten wollen. Aus dem Prozess der Positionierung heraus kommen womöglich verschiedene Kundengruppen für Sie infrage.

Klar können Sie jetzt sagen: „Für jeden, der es will…", nur erreichen Sie zum einen damit nicht die Kunden, die Sie selbst haben wollen. Es kommt hinzu, dass Sie vermutlich nicht jeden potenziellen Menschen, „den es interessiert" marketingtechnisch erreichen können. Meist reicht schon das Werbebudget nicht aus, um „alle, die es wollen" zu umwerben – vom Zeitbudget mal abgesehen.

Deshalb müssen Sie Ihren Wunschkunden definieren, den Sie später mit Ihren Mitteln dort zu erreichen versuchen, wo Sie ihn finden und begeistern können.

4.1 Beispiel für Wunschkunden

Eine Physiotherapeutin, die gerne Kreuzschmerzen behandelt, könnte z. B. Folgendes für sich definieren:

„Meine Wunschkunden sind gebildete Privatpersonen aus dem Raum Frankfurt (50 km Umkreis), mit chronischen Kreuzschmerzen, die sich die besondere Behandlung nach meiner Methode auch finanziell leisten können und wollen.

Mit Kassenpatienten und den strengen Reglements der Krankenkassen möchte ich nichts zu tun haben".

In diesem Fall könnten Sie z. B. in einer Zeitschrift für vermögende Frankfurter werben. Ist es in dem Fall vielleicht sinnvoll, Werbung auf den hiesigen Golfplätzen zu machen? Oder eine Promoaktion mit dem lokalen Luxusautohändler?

Ein Aushang mit Ihrem Angebot vor dem Eingang eines Sozialamts würde hingegen sicher keinen Erfolg bringen: Natürlich gibt es auch dort eine Menge Menschen, die Ihr Angebot gebrauchen können – nur können sich die meisten, die dort ein- und ausgehen, Ihr Angebot eben nicht leisten. Vermutlich gehören sie damit nicht zu Ihren Wunschkunden (außer Sie können und wollen pro bono arbeiten).

Es geht darum, dass Sie für sich eine unternehmerisch passende Entscheidung treffen. Wenn diese tatsächlich lautet: Ich gebe mich auch mit sehr, sehr wenig bis nichts zufrieden, Hauptsache ich kann Menschen helfen, ihre Kreuzschmerzen los zu werden, dann können Sie sich auch so positionieren, dass sie in einer nicht ganz so finanzstarken Gruppe erkannt werden.

Wie schon erwähnt: Ihre Positionierung ist Ihre unternehmerische Entscheidung. Sie sollten sie nur unternehmerisch tragen können.

Beschreiben Sie Ihren Wunschkunden möglichst ausführlich, damit Sie nachher eine Vorstellung davon haben, wie Sie sich diesen Kunden mit Ihrer gezielten Marketing- und Verkaufsstrategie erschließen können.

Übung: Wunschkunden bauen

Starten Sie den Prozess Ihrer Wunschkundendefinition: auf Papier oder in einem digitalen Dokument, ganz nach Belieben.

Wichtig ist, dass Sie solange daran arbeiten, bis Sie sich unternehmerisch und persönlich pudelwohl mit Ihrem Kunden fühlen. Vielleicht kommen auch einige verschiedene dabei heraus, das ist so lange kein Problem, solange Sie diese noch mit den gleichen Marketingmaßnahmen erreichen können.

Liegen Ihre Wunschkunden aber in stark unterschiedlichen Märkten, dann müssen Sie sich für eine 2. Marke entscheiden.

Bei mir ist das z. B. mit meinen beiden Themen „Mediation & Konfliktberatung" vs. „Marketingcoaching" so. Obwohl ich beide Themen gleich gerne bediene, handelt es sich um völlig unterschiedliche Wunschkunden und Zielgruppen, die ich nicht gleichzeitig bewerben kann.

Diese beiden Kundengruppen akquiriere ich mit unterschiedlichen Methoden, z. B. indem ich mehrere Websites betreibe.

Um sich Ihren Wunschkunden zu bauen, gehen Sie die folgenden Fragen ausführlich und vor allem sehr, sehr ehrlich zu sich selbst durch und schreiben Sie wild drauf los, was Ihnen dazu einfällt.

Verwerfen Sie, korrigieren Sie, machen Sie es nochmal – alles ist ok – und bleiben Sie dran.

4.1 Beispiel für Wunschkunden

Stellen Sie sich folgenden Fragen:

- Wie alt ist mein Kunde?
- Welche Probleme soll ich für ihn lösen?
- Welche Wünsche soll ich für ihn erfüllen?
  - Objektiv?
  - Subjektiv?
- Ist er bereit, für die Problemlösung zu bezahlen?
- Wie viel ist er bereit, dafür zu bezahlen?
- Reicht das, was er bereit ist zu bezahlen, um davon zu leben?
- Wie muss ich auftreten, damit er mich akzeptiert? Reichen meine Jeans oder muss ich Maßanzüge tragen?
  - Will ich das?
  - Kann ich das?
  - Bin ich das?
- Welchen Wert hat er für mich für den Rest seines Lebens als Kunde (so genannter „Customer Lifecycle Value")?
- Welchen sozialen Status hat er?
- Wie kleidet er sich?
- Wie tritt er auf?
- Worüber spricht er?
  - Sind das meine Themen, mit denen ich mich wohl fühle?
  - Kann ich da mitreden?
- Wo lerne ich ihn kennen/Wo kann ich ihn erreichen?
  - Fühle ich mich dort sicher?

Machen Sie es wie ein Schauspieler, der eine Rolle annimmt: Versetzen Sie sich in Ihren Kunden und versuchen Sie nachzuvollziehen, was ihn ansprechen könnte, damit er bei Ihnen etwas kauft und prüfen Sie, ob Sie darauf auch Lust haben.

Wenn Sie sich den Rest Ihres Selbstständigenlebens dauerhaft für Ihre Kunden verstellen müssen, geht Ihnen das sicher irgendwann an die Substanz.

Kleiner Exkurs: Kalkulation für Ihr Business
Viele Selbstständige und Spezialisten neigen gelegentlich ein wenig zu schädlichem Idealismus für ihren Job.

Deshalb lade ich Sie mal ein, ein bisschen mit mir zu rechnen um zu erkennen, wie wichtig es sein kann, dass Sie sich mit Ihrem Wunschkunden beschäftigen.

Beispiel Coach oder Mediator: Nehmen wir mal an, Sie wollen einen Umsatz von 70.000 EUR im Jahr als Coach oder Mediator erzielen (netto ohne Umsatzsteuer).

Da Sie handwerklich gut arbeiten, brauchen Ihre Kunden in der Regel nicht mehr als 5 Sitzungen bei Ihnen, um ihr Ziel zu erreichen.

Eine Sitzung dauert 1,5 h und hat einen Wert von 180 EUR (inkl. Umsatzsteuer), also 151,26 EUR netto.

Ein Kunde mit einem Problem bringt Ihnen also 5 × 151,26 EUR = 756,30 EUR Umsatz netto.

Hochgerechnet auf 70.000 EUR im Jahr Umsatz müssen Sie also permanent rund 92,6 Kundenaufträge haben, um auf einen Umsatz von 70.000 EUR diesen zu erzielen.

Umsatz, wohlgemerkt! Davon gehen Ihre Bürokosten, Nebenkosten, Werbekosten und Altersvorsorge (alles in allem rund 50 %) ab.

Bei rund 220 Arbeitstagen im Jahr muss also ca. jeden 2. Tag ein Kunde bei Ihnen einen Auftrag à 5 Sitzungen unterschreiben, damit Sie 35.000 EUR netto im Jahr verdienen können.

Ich kenne allerdings genügend Coaches und Mediatoren, die glauben, sie könnten ihre Leistung für 60–80 EUR pro Stunde anbieten und damit genügend Geld verdienen. Hier müssen dann jeden Tag neue Kunden mit einem Auftrag über 5 Sitzungen im Büro stehen, um das gleiche Geld zu verdienen.

Bitte schätzen Sie selbst ein, wie realistisch das für Sie ist, permanent zwischen 90 und 200 Kunden im Jahr zu akquirieren.

Akquirieren Sie als Coach dagegen z. B. im Businessbereich und ziehen einzelne Kunden mit tausenden Mitarbeitern an Land, die ihre Mitarbeiter zu Ihnen schicken, steigen nicht nur die Stundensätze, sondern in der Regel auch die Auslastung bei weniger Akquise.

In anderen Branchen sieht der Vergleich dann z. B. so aus:

- Als Bauunternehmer: Großbaustelle mit 2 Jahren Bauzeit und fünf Mitarbeitern vs. Aufbau eines Geräteschuppens mit 2 Leuten an einem Tag
- Als Kfz-Betrieb: Betreuen von Fuhrparks von Bauunternehmern vs. Reparaturen für jeden, der ein Auto hat

Ich hoffe, ich konnte Ihnen klar machen, dass es sich aus unternehmerisch-kaufmännischer Sicht lohnt, sich seine Wunschkunden klar zu machen.

Positionierung mit Spezialisierung als Generalist
Die Überschrift klingt zugegebenermaßen zunächst etwas verwirrend.

Je nachdem, für welche Zielgruppe Sie sich entschieden haben kann es sein, dass Sie mit einer Positionierung als „Mädchen für alles" ganz hervorragend aufgestellt sind.

Hausmeisterdienste sind so ein gutes Beispiel dafür. Diese Leute können oft in so ziemlich allen handwerklichen Disziplinen ein bisschen mitspielen und oftmals reichen ihre Kenntnisse für 80 % aller anfallenden Arbeiten in einem Miethaus aus. Es sind typische Generalisten.

Wenn sie die Fähigkeit, Generalist zu sein, im Sinne der Positionierung geschickt einsetzen, dann finden sie bei ihrer Zielgruppe „Wohnimmobilieneigentümer" sicher Anklang.

Die Spezialisierung könnte dann z. B. erfolgen über „Wohnimmobilien mit mehr als 200 Wohneinheiten" (vermutlich einhergehend auch mit dem Beherrschen organisatorischer Overheads) oder „Für private Immobilieneigentümer/Vermieter bis 20 Wohneinheiten" (vermutlich ist dann mehr Verschiedenes zu tun, aber weniger Verwaltungsaufwand zu betreiben).

Auch im Businesscoaching kenne ich Kollegen, die quasi für alle Themen ihrer Auftraggeber (Unternehmer) immer irgendwie dabei sind: bei Entscheidungen, bei Trennungsgesprächen, bei Restrukturierungen usw. (inwieweit das noch Coaching ist, lässt sich fachlich diskutieren).

Diese Kollegen haben es also irgendwie geschafft, sich in ihrer Zielgruppe (Unternehmer) so zu positionieren, dass sie als Generalist überall mitmischen.

4.2 Zusammenfassung des Kapitels „Positionierung"

- Die eigene Positionierung ist die Grundlage all Ihrer Marketing- und Akquiseaktivitäten.
- Ohne diese schreiten Sie womöglich orientierungslos durch die Welt und Ihre potenziellen Kunden nehmen Sie nicht wahr.
- Mit Ihrer Positionierung geben Sie ein Versprechen dazu ab, welchen Wunsch Sie erfüllen oder welches Problem Sie lösen, und zwar besser als andere.
- Sie zeigen dem Kunden auch, wie Sie das machen (eher distinguiert, elaboriert, direkt, hip, frech, laut, schrill usw.)

Das Thema „Positionierung" ist mit das wichtigste für Ihren Erfolg und sollte zwingend auch methodisch einwandfrei durchgeführt werden. Die Beschreibung der Methoden würde den Rahmen dieses Buches sprengen, weshalb ich Ihnen gerne Literatur dazu empfehlen möchte. Diese finden Sie unter „Weiterführende Literatur" nach diesem Kapitel.

Ich rate Ihnen noch einmal eindringlich, für diesen Teil Ihres Marketings zunächst die allergrößte Energie aufzuwenden. Hier ist jeder Euro und jede Stunde bestens investiert, auch das Zurateziehen eines erfahrenen Beraters kann Sinn machen.

4.3 Red-Ocean- und Blue-Ocean-Märkte

Für die Einschätzung, wie viel Aufwand Sie betreiben müssen, um sich Ihren Markt zu erschließen, ist es sinnvoll, sich klar zu machen, ob Sie sich einem Blue-Ocean- oder in einem Red-Ocean-Markt bewegen.

Diese Begriffe wurden von W. Chan Kim und Renée Mauborgne an der INSEAD Business School entwickelt und dort zunächst als Value Innovation (Nutzeninnovation) bezeichnet. Als Ozean wird in diesem Zusammenhang ein Markt oder ein Industriezweig beschrieben.

Blue Oceans sind unberührte Märkte, die wenig bis gar keinen Wettbewerb aufweisen. Derjenige, der in den Blauen Ozean eintauchen würde, würde somit unentdeckte Märkte oder Industriezweige auffinden.

Red Oceans nennt man gesättigte Märkte, charakterisiert durch eine harte Konkurrenz, überfüllt mit Mitbewerbern, welche alle mehr oder weniger den gleichen Service oder die gleichen Produkte anbieten. Der Name Red Ocean basiert auf dem Bild von blutigen Kämpfen von Raubfischen (Ihre Mitbewerber), während der Blaue Ozean frei von blutigen Kämpfen ist.

Der Markt rund um Coaching, Training, Beratung und Psychotherapie (HP) ist beispielsweise ein Red-Ocean-Markt. Quasi täglich treffen neue Anbieter mit ihrem Angebot auf satte Märkte, die mitunter zudem noch gar nicht genug Not spüren, sich von einem Profi helfen zu lassen.

Ganz anders ist es zurzeit in der Baubranche oder in der IT-Branche: Dort steht einer großen Zahl von Anbietern eine größere Zahl von Nachfragern entgegen, die gerade danach lechzt, einen Anbieter zu finden, der Zeit hat.

Im Blue-Ocean-Markt füllt sich Ihr Terminkalender wirklich (fast) von alleine, wenn Sie es richtig angehen. Im Red-Ocean-Markt kann es sein, dass Sie vieles richtig machen und Ihr Terminkalender dennoch leer bleibt.

Es ist wichtig, dass Sie sich bewusst machen, in welchem Markt Sie sich bewegen, um Ihre Erwartungen realistisch einzuschätzen.

Weiterführende Literatur

Friedrich, Kerstin. 2014. *Erfolgreich durch Spezialisierung: Radikal anders – radikal besser*. München: Redline.

Venter, Karlheinz, und Kerstin Friedrich. 2017. *Spinnovation: Intelligent spezialisieren, Kraftvoll innovieren, Alleinstellung neu entwickeln*. München: Vahlen.

Online-Marketing – lassen Sie sich im Internet von Ihrer Zielgruppe finden

5

Nachdem Sie jetzt Ihre Vorarbeit geleistet haben, können Sie sich endlich Gedanken darüber machen, wo und wie Sie Ihre Kunden im Internet erreichen können.

Ziel des Online-Marketings muss es sein, dass Ihr potenzieller Kunde Sie möglichst oft dort findet, wo er nach einer Lösung für sein Problem sucht.

Das wird in den meisten Fällen in Deutschland die Suchmaschine Google sein. Aber auch soziale Medien wie XING, Facebook, LinkedIn & Co sowie Fachforen, die sich mit bestimmten Problemen beschäftigen, kommen für Sie infrage.

5.1 Ziel von Online-Marketing

Wenn ich im Folgenden von erfolgreichem Online-Marketing schreibe, dann meine ich damit grundsätzlich das:

▶ Ein Problemträger (ein potenzieller Kunde) sucht eine Lösung für ein Problem, das er hat. Er findet Sie im Internet, identifiziert Sie als Problemlöser und ruft darauf hin bei Ihnen an. Oder er schreibt Ihnen eine E-Mail, um mehr zu erfahren bzw. Sie zu buchen.

Wenn das passiert, hat das Online-Marketing seinen Zweck erfüllt.

Nachfolgend erkläre ich die wichtigsten Mechanismen und Zusammenhänge, die zu einem erfolgreichen Online-Marketing gehören.

5.2 Ihre Website – Dreh- und Angelpunkt Ihres Online-Marketings

Viele denken immer noch, das sei ein Schreibfehler, dieses „Site". Dabei handelt es sich um den englischen Begriff für „Ort". Gemeint ist der Ort im Internet, an dem Sie Ihre Dienstleistung darstellen. Dieser Ort besteht in der Regel aus mehreren Webseiten, die zu Ihrer Internetsite verknüpft sind. Die erste Seite, die ein Besucher sieht, wenn er ihre Internetadresse (auch URL) eingibt, ist Ihre Startseite/Homepage.

Ihre Internetsite muss natürlich professionell gestaltet sein. Ihr Besucher muss sich dort gut zurechtfinden und intuitiv navigieren können.

Ihre Internetsite enthält auf jeden Fall ein Kontaktformular oder andere Möglichkeiten, um komfortabel Kontakt zu Ihnen aufzunehmen, und eine gut sichtbare Telefonnummer und Ihre E-Mail-Adresse.

E-Mail-Adressen, die statt des @-Zeichens ein „(at)" enthalten, halten Ihre Interessenten eher davon ab, Ihnen eine E-Mail zu senden, denn das macht es umständlicher – davon rate ich dringend ab.

Für die meisten Dienstleister, solange sie nicht gerade einen Onlineshop betreiben, dürfte Wordpress die beste Lösung zum Erstellen einer eigenen Website sein. Wordpress ist ein sehr gut auch für Laien selbst pflegbares Website-System, das beliebig ausbaubar ist. Dies im Gegensatz zu vielen Baukastensystemen, die schnell an ihre Grenzen stoßen (beim wichtigen „SEO", also der Suchmaschinenoptimierung, werden Sie die Grenzen sehr schnell merken).

Mit Wordpress meine ich eine eigene Installation aus dem Softwarepaket „wordpress.org" und nicht das Online-Baukastensystem aus „wordpress.com".

Quasi alle Domaindiensteanbieter bieten selbstinstallierende Pakete für Wordpress für kleines Geld an, so z. B. der Anbieter all-inkl.com, aber auch Strato oder 1&1.

Ich kann persönlich nicht verstehen, warum sich Freiberufler und Kleinunternehmer selbst programmierte Websites für viele tausend Euro aufschwatzen lassen. Meistens ist das völlig unnötig und bindet sie dauerhaft an den Programmierer. Wer mit einem Textverarbeitungsprogramm umgehen kann, der sollte auch in Wordpress reinkommen.

Wie bei allem, was man neu macht, muss man sich hier ein wenig einarbeiten. Gemessen an der Komplexität populärer Tabellenkalkulationssoftware oder Präsentationsprogrammen ist es aber nicht schwerer.

5.2.1 Ihre Website soll verkaufen, oder?

Wenn Sie erfolgreiches Online-Marketing betreiben möchten, muss Ihre Website verkaufen. Das kann sie 24 h am Tag und 365 Tage im Jahr machen (oder auch nicht). Dazu ist es wichtig, dass sie nicht nur technisch funktioniert, sondern dass sie auch so getextet und gestaltet ist, dass Interessenten, die auf Ihre Website kommen, Lust bekommen, bei Ihnen anzurufen.

Ihre Website kann 24 h am Tag Neukunden anlocken und zum Anrufen animieren oder vertreiben. Das ist im Wesentlichen das Ergebnis verkaufsfördernder oder verkaufshemmender Texte auf Ihrer Website. Sorgen Sie also dafür, dass Ihre Website nicht voll von „Fachsprech", sondern voll von „Nutzensprech" ist.

▶ **Mein Tipp**
Lassen Sie die Texte Ihrer Website mithilfe von Verkäufern erstellen und nicht von Technikern oder Fachleuten Ihres Faches!

Am besten ist es, wenn Sie sich selbst Verkaufskompetenz aneignen. Die brauchen Sie nämlich auch, wenn ein potenzieller Kunde bei Ihnen anruft oder Sie einen solchen auf einer Netzwerkveranstaltung kennenlernen und diesen Kontakt in einen Auftrag verwandeln wollen.

Auf jeden Fall hilft es Ihnen, wenn Sie Ihre Website von jemandem lesen lassen, der von Ihrem Fachgebiet möglichst wenig Ahnung hat, der aber eventuell Ihr Kunde sein könnte.

Fragen Sie ihn einfach, ob und was er von Ihren Texten versteht, und hören Sie genau zu.

Manchmal hilft auch die folgende Überlegung: Wenn ich einen 10-Jährigen von meinem Angebot überzeugen wollte, wie würde ich es dann formulieren?

Darauf, wie Texte formuliert sein müssen, die verkaufen und nicht nur informieren, gehe ich im folgenden Kapitel noch näher ein.

5.2.2 Tipps fürs Texten von Webseiten

Ein Blick auf die Websites vieler Kolleginnen und Kollegen zeigt, dass vielfach Texte verwendet werden, welche die Buchung durch einen potenziellen Kunden eher verhindern, statt sie zu fördern.

Es wird beispielsweise „Intensive Begleitung bei der Durchdringung des Familiensystems mithilfe des systemisch-integrativen Ansatzes" angeboten **statt:** „Endlich wieder Frieden in der Familie".

Oder: „Unser interdisziplinäres Team begleitet Sie mithilfe unterschiedlichster Therapien, u. a. Preuss/Dorn, Hot-Stone und Cranio-Sacral-Therapie..." **statt:** „Endlich keine Kreuzschmerzen mehr".

Die komplizierten Formulierungen sind im besten Fall dazu geeignet, andere Kolleginnen und Kollegen zu beeindrucken, aber keinesfalls lösen sie bei einem Problemträger, der Laie ist, die Lust aus, mit Ihnen einen Termin zu vereinbaren.

5.2.3 So formulieren Sie Webseitentexte, die Ihnen dabei helfen, Umsatz zu machen

Schreiben Sie bitte klar und deutlich, was ein Websitebesucher davon hat, bei Ihnen anzurufen und Sie zu buchen.

Wenn Sie diese Frage für die Leser beantwortet haben, können Sie Detailerklärungen gerne unter einem Weiterlesen-Link vertiefen.

Das hilft übrigens auch Ihrem Suchmaschinenranking, denn in Suchmaschinen werden ausführliche Inhalte gerne gesehen und tendenziell besser gerankt.

5.2.4 Ein umsatzverhinderndes Beispiel für Webseitentexte

Den folgenden Text habe ich auf einer Website einer Coachin gefunden, die überwiegend Juristen coacht. Er ist beispielhaft für das, was auch andere Coaches und Berater für ihre Website formulieren.

Bitte lesen Sie diesen Text und fragen Sie sich danach: „Wenn ich Jurist wäre – was hätte ich davon, mit dieser Coachin zu arbeiten?"

Also:

„[...] ich biete systemisches Coaching für juristische Führungskräfte im Raum Frankfurt.

Komplexe Systeme (Menschen, Teams, Organisationen) in Bewegung zu erleben – das ist meine Leidenschaft, die ich inzwischen zum Beruf gemacht habe.

Meine Kompetenz wird aus drei Quellen gespeist: einer fundierten psychologischen Ausbildung, meiner vielseitigen Berufserfahrung als Juristin und einem wachen, menschenfreundlichen Geist [...]"

5.2 Ihre Website – Dreh- und Angelpunkt Ihres Online-Marketings

Und dann geht es weiter:

„*[...] Ich biete systemisches Coaching für Führungskräfte im Raum Frankfurt. Was bedeutet das? Sie finden in mir eine achtsame, zugewandte und erfahrene Begleitung und Unterstützung bei der Besinnung auf Ihre Werte und Prioritäten... [...]*"

Was hat ein Laie davon (ein Anwalt, ein Notar....)?

Ich vermute, Sie kommen zum gleichen Ergebnis wie ich: In den Texten wird nicht klar, was der Leser von dem Angebot hat. Derlei unverständliche Texte sind dann 24 Stunden am Tag an 365 Tagen im Jahr im Internet und halten die Besucher im schlimmsten Fall davon ab, Kontakt mit dem Anbieter aufzunehmen. Das ist eine Verschwendung von Zeit und anderen Ressourcen.

5.2.5 So geht es besser: Generieren Sie Anrufer mit Ihren Webseitentexten

Ich formuliere das obige Beispiel einfach mal so um, wie ich es für verkaufsfördernd halte:

„*Ich biete Coaching für juristische Fachkräfte im Raum Frankfurt. Mit meiner Unterstützung können Sie Ihre Kanzlei zu einem Spitzenteam entwickeln.*

Mit gezielten Methoden des systemischen Coachings verbessern wir die Zusammenarbeit in Ihrem Team, fördern die Kreativität und minimieren die internen Konflikte in Ihrer Kanzlei.

So werden Energien frei, die Sie brauchen, um von Ihren Kunden als „idealer Begleiter" in juristischen Fragen wahrgenommen und nachgefragt zu werden.

Nutzen Sie meine juristische Kompetenz in Kombination mit meiner Kompetenz als Coach, um die Leistung Ihrer Kanzlei zu verbessern. Rufen Sie mich jetzt an unter..."

5.2.6 Drei Stufen zum nutzenorientierten Text

Wenn Sie bei allem, was Sie für potenzielle Kunden schreiben, die nachfolgende Regel beachten, haben Sie fortan bessere und umsatzfördernde Texte als ca. 80 % Ihrer Mitbewerber.

Schreiben Sie Ihre Texte einfach nach dem folgenden Muster:

- Wie heißt es?
- Was kann es?
- Was nutzt es (dem Kunden natürlich)?

Beispiel:
- Wie heißt es? „Ich biete ortsunabhängiges Online-Coaching für meine Kunden an."
- Was kann es? „Mithilfe des Online-Coachings können wir unabhängig davon, wo Sie oder ich gerade sind, ein Coaching durchführen"
- Was nutzt es? „Dadurch haben Sie die Möglichkeit, Ihre Fragestellungen dann mit mir zu bearbeiten, wenn sie gerade auftauchen und nicht erst, wenn Sie gerade in meiner Nähe sind. Zudem sparen Sie sich Reisezeiten und Reisewege, die Sie besser in Ihr Unternehmen investieren…"

Wenn Sie sich an dieses Schema halten, schützen Sie sich nicht nur selbst davor, sich in den Worten zu verlieren, sondern Sie tragen auch dazu bei, dass Ihre potenziellen Kunden nun ein Gefühl dafür kriegen, warum sie bei Ihnen anrufen und einen Termin vereinbaren sollen.

5.2.7 Noch mehr Umsatz mit A.I.D.A

Verwenden Sie für Ihre Texte zusätzlich das A.I.D.A.-Schema, dann können Sie vielleicht schon mal jemanden fürs Telefonieren einstellen.

A.I.D.A. ist ein altes und bewährtes Schema, um Werbetexte jeder Art zu strukturieren. A.I.D.A. steht für:

- Attention
- Interest
- Desire
- Action

Texte, die nach dem A.I.D.A.-Schema aufgebaut sind, erzeugen erste Aufmerksamkeit (Attention), Interesse (Interest) sowie Begehren (Desire) und lösen eine Handlung beim Leser aus.

Beispiel für einen A.I.D.A.-Text

– **Attention**
 „Nichtraucher werden in nur 2 Stunden."
– **Interest**
 Mit der Erfolgsmethode „Hypnose" ist es nun möglich, mit nur einer Sitzung dauerhaft Nichtraucher zu werden.
– **Desire**
 Stellen Sie sich für einen Augenblick vor, was es für Sie bedeuten würde, wenn Sie endlich wieder von der Rauchsucht los wären.
 Würden Sie das Gefühl, endlich wieder frei atmen zu können, genießen? Was würden Sie mit dem gesparten Geld anfangen?
– **Action**
 Wenn auch Sie endlich wieder frei atmen wollen, rufen Sie jetzt an und vereinbaren Sie einen kostenlosen Beratungstermin: Telefon 666666.

5.2.8 Zusammenfassung Webseitentexte

Dies ist nur ein kleiner Ausschnitt aus dem weiten Feld der rhetorischen Feinheiten bei der Gestaltung von Webseitentexten.

Es ist vielleicht gar nicht so wichtig, alle Regeln zu kennen und anzuwenden. Das Wichtigste ist wohl, dass Sie Ihre Überschriften und Texte bewusst gestalten, um damit Aufmerksamkeit und Interesse bei Ihren potenziellen Kunden zu erregen.

Schreiben Sie hingegen einfach nur drauf los, haben sie womöglich bei gleichem Einsatz weniger erreicht – wäre doch schade um die Energie, die Sie investieren.

5.3 SEO – Suchmaschinenoptimierung

SEO bedeutet Suchmaschinenoptimierung. Die Abkürzung stammt aus dem Englischen und steht für „Search Engine Optimization".

SEO beinhaltet alle Bemühungen, sein Angebot so im Internet darzustellen, dass eine Suchmaschine (in rund 95 % der Fälle in Deutschland ist das Google) Ihr Angebot findet und anzeigt, wenn jemand nach bestimmten Begriffen sucht.

Ziel muss es sein, durch SEO auf Seite 1, besser noch Rang 1, von Google **in den nicht bezahlten Einträgen** angezeigt zu werden, wenn ein Interessent bestimmte Suchbegriffe eingibt.

5.3.1 Warum ist SEO überhaupt so wichtig?

Stand Februar 2017 gab es laut Denic.de rund 16,7 Mio. registrierte .de-Domains, also Internetadressen, die mit „de" enden.

Wenn wir mal davon ausgehen, dass die alle irgendwie genutzt werden und jede dieser Domains im Durchschnitt 20 einzelne Webseiten beinhaltet, dann finden sich alleine mit „de" im Internet rund 334 Mio. einzelne Webseiten. Aber, diese Zahl ist sicher zu kurz gegriffen. Es sind wohl noch viel mehr.

Inmitten dieser Anzahl von Webseiten soll Ihre Webseite mit der für Ihren Kunden relevante Information nun gefunden werden.

Auf die Suchergebnisseite von Suchmaschinen wie Google, Bing, Ecosia & Co. passen ca. 10 sogenannte „generische Ergebnisse", also solche, die ohne bezahlte Werbung angezeigt werden.

Wenn Sie auch nur annähernd eine Chance haben wollen, auf einer der ersten Seiten der Suchmaschinen angezeigt zu werden, müssen Sie dafür das absolut Richtige tun, denn: 10 Ihrer Konkurrenten machen es auf jeden Fall!

Diese SE-Optimierung erfolgt im Wesentlichen auf zwei Arten:
1. Auf Ihrer Website – Onsite
2. Auf anderen Websites (die zu Ihnen führen) – Offsite

Meiner Meinung nach ist SEO wichtiger als eine perfekte Website. Ohne SEO ist es mit Ihrer Website so, als würden Sie in einem abgelegenen Gewerbegebiet im 40. Stockwerk eines Bürohauses ein Ladengeschäft eröffnen, bei dem Sie die Fenster verdunkeln und zu dem Sie nicht ein einziges Hinweisschild aufstellen.

Denken Sie daran, dass jeden Tag zigtausende neuer Websites entstehen und Sie dafür sorgen müssen, dass potenzielle Kunden Sie finden. Dafür ist SEO da.

SEO ist recht komplex und besteht sicher aus rund 200 Faktoren, die alle eine mehr oder weniger große Rolle für den Erfolg spielen.

Alleine schon deshalb leuchtet es ein, warum Sie sich die Hilfe eines Profis holen sollten, wenn Sie erfolgreiches Online-Marketing betreiben wollen. Alternativ können Sie – wie ich es auch gemacht habe – sich dieses Wissen natürlich auch über Jahre aneignen. Ich sollte aber nicht unerwähnt lassen, dass ich auch Spaß und Interesse daran habe, diese Nuss zu knacken.

In diesem Buch können wir nicht alle 200 SEO-Faktoren behandeln. Im Folgenden stelle ich Ihnen aber die wichtigsten SEO-Faktoren vor, die Sie auf jeden Fall umsetzen sollten. Wenn Sie diese wirklich beherzigen, ist Ihr SEO vermutlich schon besser, als bei 80 % Ihrer Mitbewerber.

5.3 SEO – Suchmaschinenoptimierung

Beispiel aus der Praxis

Immer wieder habe ich Erlebnisse, bei denen ich mir die Haare raufen könnte. Neulich bat mich eine Coach-Kollegin voller Stolz, ihre relaunchte Website zu checken. Eine Personalcoachin, die eine Website mit ca. 10 Webseiten betreibt.

Für diese (hart codierte, also programmierte) Website hatte sie bereits 2500 EUR bezahlt (aus meiner Sicht 2x zu teuer) und ließ sie nun für rund 1000 EUR nochmals anpassen (das wären mit Wordpress nur einige Mausklicks gewesen).

Ich schaute mir die Website also an und fällte folgendes Urteil: „Schöne Website, die niemand von Deinen Kunden finden wird. Schade ums Geld."

Der Website fehlte es an den grundlegendsten Onsite-SEO-Maßnahmen. Weder wurde SEO auf jeder einzelnen Seite der Website gemacht (alle einzelnen Seiten hatten den Header Tag „Coaching Müller (Name geändert) in Stadt Kleinklickersbach (Name geändert)"). Die verwendeten Medien (Bilder etc.) waren so hochgeladen worden, wie sie aus der Kamera kamen (z. B. DSC_24032733) und jede einzelne Seite hatte dieselbe Metabeschreibung („Ihre systemische Coachin").

Ich fragte sie also:

- Wer sucht nach „DSC_24032733"? (Antwort: Niemand!)
- Wer sucht nach „Coaching in Kleinklickersbach"? (Antwort: Niemand!)
- Wer sucht nach „Ihre systemische Coachin"? (Antwort: Niemand!)

Ich sagte ihr: „Deine Website ist wertlos für Dich, denn sie ist nicht SEO-optimiert für das, wonach Deine Kunden suchen."

Diese Geschichte spielt sich täglich tausendfach ab: Selbstständige freuen sich, eine schöne Website zu haben, die aber keiner finden wird, weil der Webdesigner keine Ahnung davon hat, wie man Websites in Suchmaschinen auffindbar macht. Bei Websites ist es weniger wichtig, wie sie aussehen, als wie sie funktionieren!

Erfolgsentscheidend ist zum Beispiel die folgende Herangehens- und Denkweise: „Also, wir haben die Keywords, die wir in der Positionierung herausgearbeitet nochmals auf die wichtigsten 30 reduziert und bauen diese planvoll sowohl in die Texte jeder einzelnen Seite, als auch in die Metabeschreibungen und die in der jeweiligen Mediendatei der Seite ein".

So müsste es sein, damit eine Website funktioniert!

> **Praxistipp**
>
> Wenn Sie testen wollen, wie gut Ihre Website bereits in der Suchmaschine gefunden wird, schalten Sie Ihren Browser auf „privat" oder „inkognito". Ansonsten erhalten Sie ein geschöntes Ergebnis, denn: Die Suchmaschinen merken sich, welche Webseiten Sie bereits häufig besucht haben und sie zeigen Ihnen diese zuerst an.
>
> Dieser Tipp ist von immenser Bedeutung für Sie. Ignorieren Sie ihn keinesfalls, da Sie sich sonst womöglich in dem Irrglauben befinden, in Suchmaschinen gut gefunden zu werden, obwohl es tatsächlich ganz anders ist.

5.3.2 SEO-Onsite-Maßnahmen

Machen Sie sich bitte bewusst, dass nicht Ihre **Website** sondern **Ihre Webseiten** SEO-optimiert werden müssen – **also jede einzelne Seite Ihrer Website.** Jede Seite Ihrer Website steht für ein Thema, einen Schwerpunkt.

SEO ist das wichtigste Mittel, um Ihre Website bei Suchmaschinen auffindbar zu machen. Wenn Sie SEO weglassen, brauchen Sie auch keine Website, denn Sie werden nicht gefunden.

Denken Sie also **immer** an:

- Schlüsselwortdichte auf Ihren einzelnen Webseiten. Schlüsselwort = das Wort, dass Ihr potenzieller Kunde zur Problemlösung sucht.
- Hochwertiger Inhalt: Länge der Texte Ihrer Webseiten (optimal ca. 200–800 Wörter).
- Das richtige Tagging der Header Ihrer einzelnen Webseiten.
- Anzahl der mit „H1" „H2" und „H3" bezeichneten Überschriften in Ihren Texten. Achtung: H1 sollte nur einmal pro Webseite vorkommen.
- Position der Schlüsselwörter im Text (Hierarchie: von oben nach unten und von links nach rechts ist ideal).
- Benamung (also der echte Dateiname), Tagging und Metabeschreibung der Bilder und anderer Medien Ihrer Website müssen Keywords enthalten.
- Verlinkung Ihrer Webseiten innerhalb Ihrer Website.

5.3.2.1 Landingpages erstellen

Die Erstellung von sogenannten Landingpages ist eine der wichtigsten Maßnahmen sowohl für die Suchmaschinenoptimierung, wie auch dafür, Kunden beim Besuch einer Webseite dazu zu bringen, etwas zu kaufen, Kontakt mit Ihnen aufzunehmen, oder etwas anderes zu tun (so genanntes „Call-to-Action").

5.3 SEO – Suchmaschinenoptimierung

Eine gut gemachte Landingpage ist auch im Zusammenhang mit SEA, also mit dem Schalten von Suchmaschinenanzeigen (oder Social-Media-Anzeigen), besonders wichtig.

Während „normale Webseiten" Ihrer Website vielleicht eher informierenden Charakter haben, zielen spezielle Landingpages darauf ab, ein Produkt oder eine Dienstleistung gezielt zu verkaufen.

Das ist zum Beispiel denkbar für temporäre Sonderangebote. Ich nutze Landingpages für den Verkauf von Seminaren zu einem bestimmten Zeitpunkt.

Während man auf meiner Website erfährt, dass ich „allgemein Verkaufstrainings" anbiete, kann man auf einer eigens eingerichteten Landingpage gleich ein Ticket für einen bestimmten Termin des Seminars buchen und sich nicht einfach nur über meine Seminare informieren.

Spätestens wenn Sie mit SEA auf Kundenfang gehen, ist die Erstellung von Landingpages unumgänglich. Suchmaschinenanbieter wie Google & Co. schalten Ihre Anzeige nur (und auch nur zu einem erträglichen Preis), wenn die Webseite, auf die die Anzeige verlinkt, auch zur Anzeige passt, die Sie geschaltet haben.

Hierbei spielt dann besonders die Keyworddichte der Zielseite (Landingpage) eine Rolle.

Leiten Sie einen potenziellen Kunden für Ihr Spezialangebot „Kaffee im Angebot" auf die Startseite Ihrer Website, auf der Sie sich als regionaler Lebensmittelmarkt „für den täglichen Bedarf" darstellen und das Kaffeeangebot erst irgendwo ganz am Ende der Seite auftaucht, werden es wohl wenige Kunden finden.

Auf einer geschickt eingerichteten Landingpage könnten Sie beispielsweise dem Kunden direkt die Reservierung seines Kaffees und die Bereitstellung am Abholpunkt in Ihrem Laden anbieten und sogar die Vorauszahlung abwickeln lassen.

Ich gehe an dieser Stelle nicht näher darauf ein, wie gute Landingpages gestaltet werden. Dazu gibt es gesonderte Literatur und Blogbeiträge en masse. Einer der ergiebigsten Blogs zu diesem Thema im deutschsprachigen Raum ist auf https://www.chimpify.de zu finden.

Mir ist wichtig, Sie dafür sensibilisiert zu haben, dass es sinnvoll sein kann, spezielle Landingpages einzurichten, um Ihre Webseitenbesucher abzuholen.

Übrigens: Gerade bei dem Thema zeigt sich wieder eine besondere Stärke der Nutzung von offenen Website-Systemen wie Wordpress, Joomla etc. Während hart codierte (von Hand programmierte) Websites nur von Programmierern geändert werden können, erstellen Sie mit Wordpress & Co. Ihre Landingpage einfach jederzeit mit wenigen Mausklicks selbst und hängen sie in Ihre Website ein – natürlich gleich SEO-optimiert.

Negativbeispiel: SEA ohne Landingpage
Auch ich klicke gelegentlich auf geschaltete Anzeigen bei Suchmaschinen. Immer wieder stoße ich auf „verlockende Angebote" (weshalb ich ja drauf klicke) und gelange dann auf Webseiten, die nichts mit dem Thema der Anzeige zu tun haben. Letztens klickte ich auf eine Anzeige zum Thema „Mediation" und gelangte dann auf die Startseite einer Website einer Heilpraktikerin für Psychotherapie. Nur: Das Mediations-Angebot fand ich dort nicht.

Vielleicht hätte ich – wenn ich mich mit der Website länger beschäftigt hätte – irgendwann das Thema Mediation noch gefunden, vielleicht in einem Untermenü oder dergleichen.

Aber, ebenso wenig wie andere Besucher aufwendig danach suchen, tue ich es auch nicht. Wenn ich Mediation angeboten bekomme und klicke, will ich auch etwas über Mediation erfahren (und sie vielleicht sogar gleich kaufen oder buchen).

Da die Anzeigen bei Suchmaschinen in der Regel pro Klick bezahlt werden, kann man nur sagen: Schade um das Werbebudget! Denn billig ist so ein Klick bei Google nicht.

5.3.2.2 So geht SEO mit Wordpress

In einem Video zu SEO-Onsitemaßnahmen möchte ich Ihnen gerne zeigen, wie Sie konkret SEO in Wordpress mithilfe des Plugins YOAST umsetzen können. Gehen Sie auf www.xyxyxy.de oder scannen Sie diesen QR-Code:

5.3.3 SEO-Offsite-Maßnahmen

Offsite-SEO-Maßnahmen sind solche, die nicht auf Ihren eigenen Webseiten stattfinden, sondern – vereinfacht gesagt – auf anderen Webseiten und Onlineplattformen.
Diese sind zum Beispiel:

- Verlinkung Ihrer Website von anderen Websites (Foren, Social-Media-Plattformen und Partnersites)
- Hinterlassen von Inhalten auf anderen Websites (z. B. Blogbeiträge) mit Verlinkung auf Ihre Website

▶ **Wichtig**
Bei Offsite-Maßnahmen gilt: Hinterlassen Sie nur Fragmente Ihrer Beiträge oder Beschreibungen dazu auf fremden Websites.
Der gesamte Inhalt befindet sich immer alleine und exklusiv auf Ihrer Website und Sie verlinken von der anderen Plattform (z. B. XING) auf diesen Inhalt auf Ihrer Website.
So erzeugen Sie hochwertigen Inhalt auf Ihrer Website. Hochwertigen Inhalt honorieren die Suchmaschinen mit einer höheren Positionierung Ihrer Website in der Suchanzeige.

5.3.4 Google-MyBusiness-Eintrag

Eine der preiswertesten Möglichkeiten von Offsite-SEO ist die Erstellung eines Google-MyBusiness-Eintrags.

Dieser Eintrag ist kostenlos und hilft vor allem Ihrer regionalen Auffindbarkeit im Internet.

Vielleicht kennen Sie das, wenn Sie bei Google etwas suchen und dann an der rechten Seite ein kompletter Firmeneintrag mit Anschrift, Telefonnummer etc. erscheint. Das ist ein MyBusiness-Eintrag.

Unabhängig davon, wie gut Ihre eigene Website bereits umgesetzt ist (vor allem im Bereich SEO), werden Ihre Kontaktdaten Suchenden angezeigt, wenn das, was Sie dort eingetragen haben, auch zur Suchanfrage passt.

Die Daten dazu werden auch für Google Maps benutzt. Das bedeutet, wenn jemand etwas sucht, das Sie anbieten, leitet Google Maps den Suchenden auch gleich zu Ihnen.

Womöglich kennen Sie das bereits, da Sie selbst schon nach einer „Pizzeria in der Nähe" gesucht haben und dann einige angezeigt bekamen. Das waren vermutlich Google-MyBusiness-Einträge.

Sie sollten diese Möglichkeit auf jeden Fall nutzen. Die Einrichtung ist schnell und unkompliziert.

5.3.4.1 Videoplattformen

Die Videoplattform YouTube gilt derzeit als die zweitgrößte Suchmaschine der Welt. Viele Menschen schauen sich lieber einen Film an, wenn sie etwas wissen wollen, als einen Text bei Google zu lesen. Mit einfachen Mitteln (Webcam, Smartphone, Tablet) können Sie einfache Videobeiträge erstellen, in denen Sie Menschen etwas aus Ihrem Fach erklären und sie für weitere Informationen auf Ihre Website locken. Seien Sie hierbei nicht zu perfektionistisch. Es geht zunächst mal darum, den Kanal zu belegen.

5.3.4.2 Veranstaltungs- und Terminbörsen

Bieten Sie Veranstaltungen an, so tragen Sie Ihre Termine auf allen Veranstaltungsportalen ein, die Sie bedienen können.

Bei den meisten Veranstaltungsbörsen können Sie kostenlos Ihre Veranstaltungen eintragen. Diese finanzieren sich dadurch, dass entweder eine Gebühr für verkaufte Tickets fällig wird (wie zum Beispiel bei Eventbrite) oder, dass auf den Plattformen kostenpflichtige Anzeigen geschaltet werden können – oder beides.

Da diese Börsen von den Suchmaschinen indiziert werden, sorgen Sie so dafür, dass andere Websites für Sie werben. Somit ist es auch eine Form von Affiliate-Marketing.

Achten Sie auf jeden Fall darauf, dass auch dort Ihre Internetadresse (URL) eingetragen ist. Ebenso ist die Verwendung Ihrer Keywords wichtig. Das sollten dieselben sein, die Sie auch sonst auf Ihrer Website verwenden.

Wichtige Veranstaltungsbörsen sind Eventbrite, XING und Facebook. Einträge auf Terminbörsen sind somit eine der preiswertesten Möglichkeiten des Online-Marketings. Nutzen Sie sie für Ihre Ziele.

5.3.4.3 Affiliate-Netzwerke

Affiliate-Netzwerke sind virtuelle Empfehlernetzwerke. Manche Menschen verdienen gutes Geld damit, dass sie z. B. per E-Mail die Produkte anderer empfehlen und dafür eine Provision erhalten.

Wenn Ihre Dienstleistung für Affiliate geeignet ist, erweitern Sie damit die Anzahl derer, die Ihr Produkt verkaufen um viele tausend Vermittler. Sie zahlen meist nur bei Erfolg. Somit ist Affiliate eine der besten Möglichkeiten für manche Produkte oder Dienstleistungen.

Bekannte Affiliate-Netzwerke sind zum Beispiel Zanox oder Digistore24.

5.3.4.4 Guerilla-Marketing

Guerilla-Marketing bedeutet, möglichst viele Möglichkeiten zu nutzen, sich an etwas dran zu hängen, was sowieso schon unterwegs ist und dabei auf sich aufmerksam zu machen.

Wenn es in sozialen Medien z. B. Diskussionen zu einem Thema gibt, können Sie dort Ihre Meinung dazu abgeben und einen Link auf Ihre Website hinterlassen. Wenn in Onlinezeitungen etwas diskutiert wird, machen Sie dasselbe.

Kurzum: Immer dort, wo bereits ein „Vehikel" im Markt Ihres Wunschkunden herum fährt, heften Sie sich einfach an dessen Fersen und hinterlassen eine Schleifspur.

Das kostet Sie nicht viel Geld (meist keines), sondern nur Zeit, und hilft Ihnen dabei, dass die Suchmaschinen immer öfter über Sie stolpern und Sie oben listen.

5.3 SEO – Suchmaschinenoptimierung

Natürlich nehmen auch Ihre Zielkunden in diesen Foren mehr und mehr Notiz von Ihnen.

Behalten Sie bei der Auswahl der Plattformen Ihre Zielgruppe im Auge: Verewigen Sie sich dort, wo sich Ihre Kunden tummeln.

Praxisbeispiel: www.irisphoto.de

Ich fotografiere leidenschaftlich gerne seit ich 17 Jahre alt bin. Vor einigen Jahren sah ich auf einem Straßenfest mal einen Stand, der Irisfotografie anbot, also das künstlerische Fotografieren der Regenbogenhaut des menschlichen Auges.

Ich war völlig fasziniert und wollte verstehen, wie das geht. Also machte ich mich im Spätsommer 2018 daran, diese Nuss zu knacken. Nach vielen Versuchen und Tüfteleien, bei der meine Lebensgefährtin als Versuchsperson herhalten musste, gelangen mir die ersten, reproduzierbaren Ergebnisse.

Also postete ich auf Facebook eine Nachricht, nach dem Motto: „Hallo Wiesbaden, wer ein Irisfoto von sich will, bei mir gibt es das jetzt…".

Genau einen Tag später meldete sich eine Redakteurin einer Wiesbadener Onlinezeitung und fragte, ob sie einen Bericht darüber machen könnte. Ich sagte zu.

Exakt einen weiteren Tag später rief der Hessische Rundfunk – das Fernsehen – bei mir an und fragte, ob sie einen Bericht darüber machen könnten.

Nun bekam ich das, was ich selten habe: Weiche Knie, denn genau genommen war ich noch nicht da, wo ich fototechnisch sein wollte.

Die Chance darin erkennend, sagte ich zu und verschaffte mir noch eine Woche Luft, um mich technisch besser vorzubereiten.

Das Fernsehteam kam an einem Donnerstag mit 3 Leuten in mein improvisiertes und provisorisch eingerichtetes Studio (eine Ecke meines Coachingbüros, ohne Abtrennung) und dokumentierte, wie die Irisfotos bei mir entstehen. Alleine daran wären viele, die ich kenne, schon gescheitert, weil ihr Perfektionismus die Angst geschürt hätte und sie den Termin vielleicht sogar abgesagt hätten.

Der Beitrag wurde am 14.10.2018 das erste Mal in Hessischen Rundfunk in „Maintower" ausgestrahlt und danach noch auf weiteren Sendern der ARD in unterschiedlichen Programmen.

Der vorläufige Höhepunkt war die Ausstrahlung desselben Beitrags in der ARD in „Live nach neun" am 14.01.2019.

Anfang Februar rief mich dann die Redakteurin eines großen deutschen Privatsenders an und stand eine Woche später mit ihrer Kamerafrau bei mir im Büro, um eine Reportage über mich zu drehen. Sie war über eine Anzeige bei Facebook von mir gestolpert. Wieder eine Woche später interessierte sich ein deutsches Start-up-Magazin für mich und ich sprach mit dem Verleger persönlich über meine Arbeit.

Irgendwie werde ich das Gefühl nicht los, dass da noch mehr kommt.

Dieses Guerillamarketing – beginnend mit einem einfachen Post auf Facebook – beschert mir seitdem einen immer voller werdenden Terminkalender und ein rasantes Wachstum dieses Unternehmens.

Gerade heute, wo ich dieses Kapitel schreibe, also nur knapp 4 Monate nach dem ursprünglichen Facebook-Post, erhalte ich eine Anfrage eines weltweit operierenden Pharmakonzerns, ob ich die Irisfotografie zu deren Weihnachtsfeier 2019 durchführen könnte.

Habe ich einfach nur Glück gehabt?

Ja, vielleicht habe ich **auch** Glück gehabt, aber man darf nicht übersehen: Ich war es selbst, der den Facebook-Post abgesetzt hat, der das alles dadurch ins Rollen gebracht hat. Ich habe Geld in die Hand genommen und Anzeigen geschaltet. Ich poste in regelmäßigen Abständen in unterschiedlichen Communitys auf diversen Social-Media-Kanälen interessante, witzige und berührende Posts im Zusammenhang mit der Irisfotografie.

Das Glück, das ich habe, besteht dann wohl eher darin, dass ich zu den Menschen gehöre, die sich trauen, nach außen sichtbar zu sein und meine Ressourcen zu nutzen. Man sagt, das Glück sei mit den Mutigen.

Im Guerillamarketing gilt die Devise: Traue Dich, Dich zu zeigen. Sei ein bisschen laut, sei mutig, es immer wieder zu tun und das Glück wird Dich finden und Dir helfen.

5.4 SEA-/SEM-Suchmaschinenmarketing

SEA bedeutet Search Engine Advertising und meint das Schalten von Werbeanzeigen auf Suchmaschinenseiten wie Google, Bing & Co, aber auch auf Social-Media-Kanälen.

Viele wissen bis heute nicht, dass das Geschäftsmodell von Suchmaschinen so aussieht, dass sie Interessenten relevante Suchergebnisse kostenlos liefern und gleichzeitig neben den Suchergebnissen bezahlte Werbung einblenden.

Bei Google wird dieser Service über Google Adwords gesteuert. Dort können Sie bezahlte Werbung platzieren.

Die Bezahlung erfolgt in der Regel über das CPC-Verfahren (Cost per Click). Das bedeutet, dass Ihre Anzeige im Suchergebnis zwar angezeigt wird, Sie aber erst

5.4 SEA-/SEM-Suchmaschinenmarketing

bezahlen, wenn jemand auf Ihre Anzeige klickt. Der Klick führt natürlich auf Ihre Website (genauer: auf eine Seite Ihrer Website, noch genauer: eine Landingpage). Diese Art der Werbung bieten neben Suchmaschinenbetreibern auch soziale Netzwerke wie XING und Facebook an.

Gerade bei SEA können Sie viele tausend Euro ausgeben, ohne dass auch nur ein Auftrag für Sie dabei herauskommt. Neulingen in dem Bereich rate ich daher dringend, sich zum Schalten von Anzeigen beraten zu lassen. Das spart Ihnen unnötige Ausgaben.

Grundsätzlich gilt, dass SEA eine gute Möglichkeit ist, seine Website bekannt zu machen. Ich persönlich schalte Anzeigen auf Google Adwords und auf Facebook und habe besonders mit XING-Werbung die Erfahrung gemacht, dass bei hohen Ausgaben wenig bis gar nichts dabei rauskommt.

Für mein Unternehmen www.irisphoto.de ist Facebook als Werbekanal sehr erfolgreich. Die Auswahl der Kanäle hängt aber stark vom Zielpublikum Ihres Angebots ab.

Vorsicht vor romantischen Vorstellungen bei Werbebudgets
Nach meiner Erfahrung kann das Schalten von Anzeigen in Suchmaschinen und in Social-Media-Kanälen sehr erfolgreich sein.

Die Zeiten allerdings, in denen man für wenige Cent pro Klick eine Anzeige bei Google schalten kann, sind vorbei. Mit der zunehmenden Popularität dieser Plattform für Werbetreibende stiegen auch die Anzeigenpreise. Hier greift deutlich das Prinzip: Die Nachfrage bestimmt den Preis.

Je nachdem in welcher Branche man sich bewegt, muss man für einen Klick auf seine Zielseite (meist eigene Website/Landingpage) bis zu 25 EUR einplanen. Je umkämpfter der Markt und je wertvoller die Kunden sind, desto höher ist der Klickpreis.

Ich begleite u. a. die Google-Adwords-Kampagne eines Rechtsanwaltes. Er ist in einem Rechtsgebiet sehr spezialisiert. Seine Kampagne ist sehr erfolgreich und führt ihm ständig neue Kunden zu (nach eigenen Angaben seit Kampagnenstart eine Verdoppelung in zwei Monaten). In seiner Branche kostet ein Klick auf die Google-Anzeige, die wiederum auf seine Website führt, rund 9,25 EUR.

Für ihn ist der relativ hohe Klickpreis dennoch rentabel. Die meisten Interessenten, die auf seiner Website landen, werden sein Mandant und ein Mandat ist eben ein Vielfaches des Klickpreises wert (hier wird natürlich nicht nur ein Mandat gewonnen, sondern langfristig vielleicht auch ein Kunde mit verschiedenen Mandaten).

Bei Facebook ist die Werbung wesentlich preiswerter als bei Google. Mit meiner Irisfotografie schaffe ich teilweise Klickpreise von nur circa 12 Cent pro Klick.

Ich persönlich finde auch das Targeting, also die Auswahlmöglichkeit der Zielgruppe, bei Facebook wesentlich besser als bei Google-Anzeigen.

Das Wichtigste bleibt aber: Das Medium muss zur Zielgruppe passen. Für manche Branchen und Produkte ist das eine besser geeignet, für andere Branchen das andere Medium.

Für alle diese Werbemöglichkeiten gilt jedoch, dass Sie bereit sein müssen, eine Zeit lang Geld in die Hand zu nehmen. Bei Facebook können Sie vielleicht schon mit einem Budget von rund 100 EUR im Monat Ergebnisse erzielen, bei Google-Adwords geht es dagegen bei circa 200 bis 300 EUR im Monat erst sinnvoll los.

Der Vorteil von Anzeigen bei Google (und anderen Suchmaschinen) ist vor allem, dass die Anzeige exakt dann angezeigt wird, wenn ein Suchender nach dem sucht, was Sie bieten.

Vorteile von Facebook-Anzeigen sind insbesondere das punktgenauere Targeting und der geringere Klickpreis.

5.5 Lohnt sich die Anzeigenschaltung bei Suchmaschinen?

Die Frage, ob sich die Anzeigenschaltung bei Suchmaschinen und in Social-Media-Kanälen lohnt, ist eine sehr individuelle Frage.

Nehmen wir mal an, Sie zahlen bei Google in Ihrer Branche für einen Klick 1,50 EUR und aus jedem zehnten Klick wird ein Anrufer und aus jedem fünften Anrufer wird ein zahlender Kunde, dann kostet Sie die Akquise eines zahlenden Kunden also 37,50 EUR.

- 100 Klicks = 150,00 EUR
- 20 davon rufen an = 150,00 EUR pro 20 Anrufer
- 4 davon werden zahlende Kunden = 150,00 EUR pro 4 zahlenden Kunden, also 37,50 EUR pro zahlendem Kunden.

Ob sich das für Sie lohnt, können nur Sie entscheiden und diese Entscheidung ist von Branche zu Branche und von Angebot zu Angebot unterschiedlich.

Wie viele tatsächliche Kunden und Interessenten Sie mit Ihrer Anzeige generieren, hängt von einer Vielzahl von Faktoren ab, u. a. von der Qualität Ihrer Anzeige in Kombination mit der Webseite, auf die Ihr Kunde geleitet wird (siehe auch „Landingpage") und natürlich mit der Gesamtkonkurrenzsituation des Angebotes.

6 Social-Media-Marketing – Kunden gewinnen über XING, Facebook & Co

Viele Coaches, Trainer und Berater haben zwar ein XING-Profil, nutzen die Plattform aber nicht aktiv zur Neukundengewinnung. Nach meinem Verständnis ist das vergeudetes Potenzial.

Mit XING haben Sie die Möglichkeit, innerhalb weniger Tage hunderte Kontakte aus Ihrer Zielgruppe in Ihr Netzwerk einzuladen. Das schaffen Sie mit keiner anderen mir bekannten Maßnahme – schon gar nicht mit Telefonakquise o. ä.

In diesem Beitrag möchte ich Ihnen ein paar Anregungen dazu geben, wie Sie insbesondere XING als Akquiseplattform für sich verwenden können.

Die Prinzipien, die ich hier darstelle, gelten im Wesentlichen auch für die Kundengewinnung auf LinkedIn und Facebook.

6.1 Welche Social-Media-Plattform ist die beste?

Welche Plattform nun die richtige für Sie ist, hängt von Ihrer Zielgruppe ab – Sie sehen, Sie kommen um Ihre Positionierung und Ihre Zielgruppendefinition also nicht herum.

Beispielhaft ein paar Grundgedanken aus meiner Branche – zur Akquise für Coaches, Trainer, Berater:

Im Gegensatz zu Einzelhändlern verkaufen wir keine Produkte – schon gleich gar keine, die spontan/impulsiv gekauft werden, wie beispielsweise Konsumgüter.

Die Akquise von Neukunden für Coaches, Trainer und Berater ist ein Prozess, der permanent durchgeführt werden muss.

Während des Prozesses lernen potenzielle Kunden uns kennen, erinnern sich an uns und greifen irgendwann im Prozess auf unsere Leistung zu (Auftrag) und im Verlauf ihres Lebens vielleicht noch öfter. Dieser Prozess muss aktiv von uns mit geeigneten Maßnahmen „geschmiert" werden, damit er läuft.

© Springer Fachmedien Wiesbaden GmbH, ein Teil von Springer Nature 2019
R. Flachenäcker, *Mehr Kunden für Kleinunternehmen und Solopreneure*,
https://doi.org/10.1007/978-3-658-25909-9_6

Für diese permanenten Trigger sind Social-Media-Plattformen grundsätzlich eine geeignete Wahl.

Warum viele Kolleginnen und Kollegen nicht auf XING akquirieren
Es gibt viele Gründe, warum Kolleginnen und Kollegen die Akquise auf XING ablehnen. Einer davon ist sicher der, dass sie es selbst als unangenehm empfinden, wenn sie von ihren Neukontakten ständig Kaufangebote erhalten.

Dabei dürfte wohl kein vernünftiger Selbstständiger etwas gegen das Umsatzmachen an sich haben – denn Verkaufen – egal in welcher Form – ist der Motor eines jeden Geschäftsbetriebs.

Nur weil andere mit ihren Verkaufsaktionen nerven, bedeutet das ja noch nicht, dass Sie auch „nerven" müssen. Machen Sie es doch einfach besser.

Bieten Sie Ihren Kontakten Mehrwerte und interessante Anregungen, anstatt marktschreierisch Billigangebote zu präsentieren.

6.2 Ohne Kontakte keine Kontrakte – so finden Sie gute Kontakte auf XING

Für das nachfolgende ist ein Premium-Account in XING die Voraussetzung. Dieses kostet etwa 7 EUR im Monat und sollte für einen Selbstständigen keine Frage des Preises (sondern alleine des Nutzens) sein.

Jeder erfolgreiche Verkäufer weiß, dass die Anzahl der Kundenkontakte im direkten Zusammenhang mit der Anzahl der Abschlüsse steht. Die Grundlage für eine höhere Anzahl von Kunden und Abschlüssen ist also zunächst einmal die Anzahl von Kontakten an sich. An Kontakte genau in Ihrer Zielgruppe kommen Sie mit wohl kaum einer anderen Plattform so effektiv und effizient wie mit XING (wenn wir von Business-Coaching, Business-Training und Business-Beratung sprechen).

Die erweiterte Suche in XING ermöglicht es Ihnen, gezielt nach Personen in Ihrer Zielgruppe zu suchen und sie in Ihr Netzwerk einzuladen. Wenn die Kontakte Mitglied in Ihrem Netzwerk sind, erfahren Sie – je nach Ihren persönlichen XING-Einstellungen – alles über Ihre Aktivitäten und Sie erreichen so ständige Aufmerksamkeit.

Sie können Ihre (neuen) XING-Kontakte auch beispielsweise zu kostenlosen Veranstaltungen (in meinem Fall beispielsweise Webinare, die für meine Zielgruppe interessant sind) einladen. Auf diese Weise haben Ihre Kontakte die Möglichkeit, Sie und Ihre Arbeit kennenzulernen.

Kontaktpflege in XING – bieten Sie Mehrwerte
Neben den Einladungen zu Ihren Veranstaltungen, die für Ihre Zielgruppe einen Mehrwert bieten, können Sie Ihre Kontakte beispielsweise gezielt auf Wissen/ Artikel/Veranstaltungen hinweisen, die für Ihre Kontakte interessant sein können. Auf diese Weise bleiben Sie als „Mehrwertschaffer" in Erinnerung.

6.3 Wissen teilen – Gruppenmitgliedschaften in XING

Auf XING gibt es rund 60.000 verschiedene Gruppen, die sich mit den unterschiedlichsten Themen beschäftigen und über diese diskutieren. Zu den Diskutanten zählen Fachleute, die sich in dem Thema gut auskennen, ebenso, wie Menschen, die nach Lösungen suchen.

Nutzen Sie diese Gruppen, um sich Ihren Status als Fachmann/Fachfrau in Ihrem Thema immer wieder ins Gedächtnis zu rufen.

Aus Online-Marketing-Sicht ist es am besten, wenn Sie den Artikel selbst auf Ihrer eigenen Website veröffentlichen und in den Fachgruppen, neben einem „Teaser", vor allem einen Link auf den Artikel auf Ihrer Website hinterlassen, damit Sie dort Besucher generieren.

Voraussetzung für eine erfolgreiche Kundengewinnung auf XING
Eine erfolgreiche Kundenakquise mithilfe von XING basiert auf diesen Grundlagen:

Machen Sie sich frei von dem Gedanken, dass in Ihrem XING-Netzwerk nur Personen sind, die Sie persönlich kennen. Es gibt komfortablere Adressbücher als XING. Wenn Sie keine Neukunden auf XING gewinnen wollen, sparen Sie sich das Geld für den XING-Account.

Freunden Sie sich mit dem Gedanken an, dass Verkaufen auf XING ebenso wenig unmoralisch ist als anderswo (Oder finden Sie Ihr Angebot selbst unmoralisch?).

Denken Sie daran: Schlimm ist nicht, dass Sie Ihre Leistung an den Mann oder die Frau bringen wollen – schlimm ist, wie manche Anbieter das machen. Sie selbst dürfen ja trotzdem seriös sein. Vielleicht ist das Ihr Unique Selling Point – Ihr Alleinstellungsmerkmal.

Beschäftigen Sie sich ein wenig mit der Technik und den Möglichkeiten von XING. So schwer ist es gar nicht, es zu beherrschen. Bieten Sie Ihren Kontakten Mehrwerte – keine marktschreierischen „Schnäppchen" und „billige Glasperlen". Sehen Sie die Kundenakquise über XING als Teil des Gesamtprozesses der Kundengewinnung.

6.4 Mit Facebook Kunden gewinnen – so geht es

Im Prinzip gilt das oben beschriebene Verfahren zur Gewinnung von Kunden und Aufträgen für Facebook genauso wie für XING. Auch hier gibt es Gruppenmitgliedschaften, in denen man sich als Profi für seine Zielgruppe zeigen kann, Sie können Freundschaften schließen (Kontakte knüpfen) usw.

Facebook bietet darüber hinaus die Möglichkeit Fanpages zu erstellen und zu pflegen.

Fanpages sind eigene Bereiche innerhalb Ihres Facebook-Accounts, bei dem es nicht um Sie als Privatperson geht, sondern in dem Sie Ihr Angebot darstellen und Fans für genau dieses Angebot finden und bedienen.

Während Sie Ihren privaten Facebook-Account vielleicht nutzen, um mit Ihren engsten Freunden gemeinsame Erlebnisse zu teilen, dient die Fanpage nur der Darstellung Ihres Angebotes in Ihrer Zielgruppe: Sie hat eigene Kontakte und Themen.

Wichtig ist mir insbesondere, Ihnen den Rat zu geben „Dienst von Schnaps" zu trennen: Wenn Sie ein ernsthaftes Business betreiben und Facebook zu dessen Promotion nutzen möchten, machen Sie das bitte über eine eigene Fanpage. Bitte muten Sie Ihrer Business-Zielgruppe nicht zu, an Ihren privaten Partys, Reisen und der Geburt Ihrer Enkel oder Kinder teilzuhaben.

Zum einen können Sie davon ausgehen, dass das Ihre Zielgruppe nicht besonders interessiert und zudem verpassen Sie damit womöglich auch rechtlichen Anforderungen an Geschäftstreibende gerecht zu werden, angefangen bei der Impressumspflicht bis hin zu DSGVO-Themen.

▶ **Gehen Sie mit der Zeit** Egal, wie gut Sie Social Media, Online-Marketing & Co selbst finden: Ihre potenziellen Kunden nutzen diese Kanäle und das auch in Zukunft. Auch hier gilt: Wer nicht mit der Zeit geht und sich den Trends stellt, wird wohl in naher Zukunft nicht mehr bei der Auftragserteilung berücksichtigt werden.

Online-Funnel-Marketing 7

Funnel-Marketing gilt in manchen Kreisen derzeit als das A&O des Online-Marketings.

Es vergeht so gut wie kein Tag, an dem ich nicht zum Beispiel auf Facebook eine Anzeige sehe, die sinngemäß lautet: *„Jetzt automatisiert Kunden gewinnen mit neuartigem E-Mail-System"* oder *„Automatisch 5–12 Neukunden jede Woche"*.

In der Regel werden Sie jetzt noch aufgefordert, sich die Anleitung kostenlos herunterzuladen.

Sie klicken also auf einen Link und müssen nichts weiter tun, als Ihre E-Mail-Adresse einzugeben, um die *„Anleitung für das todsichere System zum sechsstelligen, automatisierten Umsatz in nur 3 Monaten zu erhalten"*.

Ich kenne keinen einzigen Unternehmer, der sagen würde: „Vergiss alles, was Du bisher gemacht hast. Leg die Füße hoch, die Kunden rufen automatisch bei Dir an, wegen dieses neuen todsicheren Systems".

7.1 Was ist nun dieses Online-Funnel-Marketing?

Funnel ist Englisch und bedeutet „Trichter". Die Idee dahinter ist, Ihre Interessenten in der großen Trichteröffnung des Verkaufs als „Lead" einzufangen und nach und nach zu kanalisieren, sodass aus Interessenten zahlende Kunden werden.

Mithilfe des Funnel-Marketings können sie es schaffen, Interessenten Stück für Stück zu Kunden zu machen.

Am besten erkläre ich Ihnen das anhand einer ausführlichen Beschreibung
Online-Marketing-Funneling bedeutet, dass Sie es schaffen müssen, zunächst eine Vielzahl von Interessenten auf sich aufmerksam zu machen (kostenlos in die obere, große Öffnung des Trichters zu lassen), dann erst gegen kleinere Beiträge Leistungen anzubieten (wodurch Sie diejenigen abschöpfen, die grundsätzlich bereit sind, etwas für Ihre Leistung zu bezahlen) und dann höherwertige Leistungen gegen größere Beträge anzubieten (wodurch Sie wieder „aussortieren", bis hin zu den Kunden, die wirklich bereit sind, für Ihre Dienstleistung den vollen Preis zu bezahlen).

Konkret geht das zum Beispiel so:
1. Sie schalten eine Anzeige auf Facebook, in der Sie eine Lösung für ein Problem anbieten.
2. Wer auf diese Anzeige klickt, wird auf eine Landingpage geleitet, die ihn auffordert die E-Mail-Adresse einzugeben, um danach ein „Buch" oder ein „Video" oder dergleichen kostenlos zu erhalten – ein so genanntes „Freebie" (na, schon mal gemacht?)
3. Der Interessent erhält das Freebie einige Minuten später per E-Mail.
4. Einen Tag später erhält er von Ihnen wieder eine E-Mail, in der ihm das ausführliche Buch zu Ihrem Freebie zum menschenfreundlichen Sonderpreis angeboten wird („Sie zahlen nur das Porto" oder „Statt 99 Euro jetzt nur 10 Euro"). Meist sind diese Angebote mit dem Hinweis versehen, dass das Angebot nur gilt, wenn man innerhalb von X Stunden zuschlägt. Das nennt man in der Verkaufspsychologie übrigens „Künstliche Verknappung".
5. Kauft der Interessent nicht, erhält er von Ihnen vielleicht nochmal ein Angebot, mit einigen moralisierenden Worten und vielleicht wird es auch noch billiger.
6. Der Interessent schlägt zu und hat sich nun als potenzieller Kunde qualifiziert.
7. Kurze Zeit später (vielleicht nach einigen Tagen) erhält der potenzielle Kunde wieder ein ultimatives Sonderangebot von Ihnen. Dieses Mal zum Beispiel *„Den kompletten Kurs mit allen Tricks"* und zwar *„nur jetzt und in den nächsten 2 Stunden das alles nicht für 1.200 Euro und nicht für 750 Euro, sondern für nur 299 Euro."*
Hier fällt es vielen schwer zu widerstehen, vor allem, wenn auf der Landingpage der Countdown groß leuchtet, und eine nur noch sehr, sehr, sehr kurze Restzeit des Angebots verkündet.

7.2 Funktioniert der Online-Marketing-Funnel für mein Angebot?

Für einen Klickfunnel brauchen Sie ein Endprodukt (in meinem Beispiel: Videokurs, Coachingprogramm…), ein Freebie, ein automatisiertes E-Mail-Marketing-System und ein paar tausend Euro für die Anzeigenschaltungen.

Der Klickfunnel ist komplex, und wegen des finanziellen und organisatorischen Aufwandes halte ich das System für viele Selbstständige für ungeeignet.

Dennoch: Die Möglichkeiten für ein für Sie geeignetes Funnel-Marketing sind sehr vielseitig. Sie sollten gut ausgetüftelt sein und exakt zu Ihnen passen.

Ich persönlich stehe dem Funnelmarketing sehr skeptisch gegenüber, insbesondere, wenn man Personendienstleistungen wie Coaching, Training oder Beratung verkaufen möchte.

Ich glaube, dass der einfache Verkauf seiner Leistung effektiver ist. Ich glaube auch, dass gerade eine Personendienstleistung wie Coaching, Mediation und Therapie, sowie typische lokale Angebote (der kleine Bauunternehmer) tendenziell mehr über den persönlichen Kontakt verkauft werden.

Das bedeutet nicht, dass man die Präsenz im Internet (Website & Co.) vernachlässigen darf. Gerade dort werden die Entscheidungen aufgrund persönlichen Kennenlernens oder persönlicher Empfehlungen verifiziert.

Ich selbst habe meine Zweifel, ob der Aufwand, der betrieben werden muss, um diese „Maschinen" zu bauen, für das People-Business von Coaches, Trainern und Beratern gerechtfertigt ist.

Ich halte es tendenziell geeignet dafür, Produkte zu verkaufen, die man bei einmaliger Produktion hundert- oder tausendfach verkaufen kann, also beispielsweise Videos und Bücher.

Schauen Sie also genau hin, ob Sie das richtige Produkt für ein Online-Funnel-Marketing haben.

Es verlangt Ihnen eine hohe Konzentration auf einen mehrstufigen Prozess ab, den Sie konsequent über einen langen Zeitraum verfolgen müssen, um erfolgreich zu sein.

Weitere Tipps für mehr Kunden und Aufträge

Der Umsatzerfolg stellt sich ein, wenn viele kleine und große Stellschrauben bewegt werden. Es gibt nicht die eine Stellschraube, die alles rettet. Je mehr Sie von den möglichen Stellschrauben bewegen, desto größer ist die Chance, an Kunden und Aufträge zu kommen. Anders herum funktioniert es aber auch: Je mehr Sie weglassen, desto geringer wird die Chance auf Umsätze.

Im Folgenden finden Sie größere und kleinere Stellschrauben auf Ihrem Weg zu mehr Kunden und Aufträgen.

8.1 Preisgestaltung mit der Drei-Flaschen-Preisstrategie

Zum Thema Preisgestaltung erzähle ich vorab gerne die folgende Geschichte, in der sich die meisten wiederfinden: Stellen Sie sich einmal vor, ein Weinhändler stellt zwei Flaschen Wein in seinem Laden auf. Eine Flasche Wein kostet 4 EUR und die andere Flasche kostet 8 EUR.

Was glauben Sie, welche der Weinflaschen in diesem Fall die meist verkaufte sein wird, und wie groß der durchschnittliche Umsatz sein wird?

Nach meiner Meinung wird es ungefähr so sein: Die meist verkaufte Flasche Wein wird die für 4 EUR sein. Der Durchschnittserlös wird vermutlich bei ca. 5 EUR liegen, da die meisten Käufer die billige Flasche nehmen und nur wenige die etwas teurere.

Stellen Sie sich nun vor, der Weinhändler stellt eine dritte Flasche Wein daneben. Diese bepreist er mit 14 EUR.

Welche Flasche glauben Sie nun, wird die meist verkaufte sein? Ich denke, dass nun die mittelpreisige für 8 EUR die meist verkaufte Flasche Wein sein wird.

Da aber nun viele Käufer keinesfalls die billigste Flasche haben wollen und nun auch einige Käufer die Alternative haben, eine höherpreisige Flasche Wein zu kaufen, steigt der Durchschnittspreis der verkauften Weinflaschen an – ich schätze auf ca. 10 EUR.

Dieses Prinzip der Durchschnittspreiserhöhung funktioniert auch bei Honoraren für andere Dienstleistungen. Die Voraussetzung dafür ist, dass Sie Ihr Angebot produktisiert haben und nicht ausschließlich ein Zeit-gegen-Geld-Honorar verwenden.

8.1.1 Praxisbeispiel: Umsetzung der Drei-Flaschen-Strategie

Für alle Dienstleistungsangebote gilt: Um die Strategie zur Erhöhung des Durchschnittspreises erfolgreich anzuwenden, müssen Sie zunächst Ihr Angebot produktisieren.

Achten Sie darauf, dass sich Ihr Beratungsprodukt nicht einfach nur in der angesetzten Gesamtdauer oder in der Anzahl der Sitzungen unterscheidet und über einen einfachen Dreisatz hoch- und runterrechnen lässt.

Keinesfalls sollten Sie den Wert Ihres Honorars noch in Misskredit bringen, weil Sie z. B. Rabatte auf „Zehnerpakete" oder ähnliches anbieten. Das Signal an den Kunden ist dann: „Das Honorar ist es nicht wert…"

Jedes Ihrer Produkte muss andere Kriterien als „zeitbasiertes Honorar" beinhalten. Das könnten z. B. sein:

- Beratung auch zu ungewöhnlichen Uhrzeiten.
- Garantien, die es im Niedrigpreisprodukt nicht gibt.
- Bei Abonnements: Aufsparmöglichkeiten über längere Zeiträume.
- Bei Tagessätzen: Zusatzleistungen wie beispielsweise „Nachbesprechungen".

Fiktive Beispiele Coaching
- A: Einfaches Coaching
  - 3 Sitzungen a. ca. 1,5 h in 6 Wochen zum Finden der persönlichen Lebensziele.
  - Preis = 545,00 EUR
- B: Standardcoaching
  - 3 Sitzungen a. ca. 1,5 h in 6 Wochen zum Finden der persönlichen Lebensziele.

8.1 Preisgestaltung mit der Drei-Flaschen-Preisstrategie

- Zusätzlich Begleitung per asynchronem E-Mail-Coaching, Antworten innerhalb von 48 h
- Coachingzeiten 09:00 bis 17:00 Uhr, werktags.
- Preis = 645,00 EUR
- C: Premiumcoaching
  - Sitzungen nach Bedarf innerhalb von 6 Wochen zum Finden der persönlichen Lebensziele.
  - Zusätzlich Begleitung per asynchronem E-Mail-Coaching, Antworten innerhalb von 24 h
  - Coachingzeiten 09:00 bis 21:00 Uhr, werktags.
  - Zusätzlich synchrones Online-Coaching
  - Preis = 955,00 EUR

8.1.2 Vorteile der Drei-Flaschen-Preisstrategie

Da die Akquise immer gleich aufwendig ist – egal, wie hoch der Preis eines Angebotes ist, erzielen Sie bei gleichem Akquiseaufwand ein durchschnittlich höheres Honorar. Ihre Kunden haben die Wahl zwischen „einfach", „normal" und „premium". Somit befriedigen Sie auch unterschiedliche Prestige-Ansprüche Ihrer Kunden. Durch die Produktisierung Ihres Angebotes kommen Sie raus aus der Zeit-gegen-Geld-Falle.

Mit der relativ einfachen Methode der Drei-Flaschen-Preisstrategie können Sie es schaffen, Ihr durchschnittliches Honorar deutlich anzuheben.

Beispiel der Anwendung der Drei-Flaschen-Preisstrategie bei einem Buchhaltungsservice

Ein Buchhaltungsservice rechnet meist den geleisteten Aufwand für die monatliche Buchhaltung ab, sagen wir mal mit 35 EUR pro Stunde.

Der Anbieter könnte z. B. Kunden eine feste Monatspauschale anbieten (Nutzen: Planungssicherheit) und das Angebot noch differenzieren durch:

- A: Ich lagere auch Ihre Akten (silber)
- B: Sie können mich nicht nur zwischen 08:00 und 17:00 Uhr erreichen, sondern zu erweiterten Servicezeiten (bis 20:00 Uhr beispielsweise).

8.2 Raus aus der Zeit-gegen-Geld-Falle

Tauschen Sie nicht Ihre Zeit gegen das Geld Ihrer Kunden, sondern tauschen Sie Problemlösung gegen das Geld Ihrer Kunden. Das gilt insbesondere für Coaches, Trainer und Berater – oft tauschen sie Zeit gegen Geld. Sie haben ein Zeithonorar und auf diesem basiert deren Abrechnung.

Ich glaube, dass dies nicht der beste Weg ist. Es ist vielmehr ein Weg, der sich eben seit Jahrzehnten so eingeschliffen hat.

Probleme, die aus der Zeit-gegen-Geld-Falle entstehen sind
- Kunden vergleichen ihren Stundenlohn mit Ihrem Honorar und finden es zu hoch.
- Das Zeithonorar beschreibt Kosten, nicht Mehrwert.
- Das Zeithonorar macht auf einer falschen Ebene vergleichbar, denn es sagt nichts über die Gesamtkosten eines Coachings- oder Beratungsprozesses aus.

Wir kaufen etwas, weil wir einen Mehrwert erlangen möchten, ein Problem lösen wollen oder einen Wunsch erfüllt haben möchten.

Nehmen wir mal an, Sie würden Ihr Coaching für 1.000.000 EUR pro Stunde anbieten und Ihr Kunde wüsste, dass er nach einer Stunde Coaching mit Ihnen 2.000.000 EUR verdienen würde, dann würde er doch nicht zögern, Ihnen Ihr gefordertes Honorar zu zahlen, oder?

Dieses Beispiel zeigt, dass es nicht der Wert pro Stunde ist, um den es dem Käufer geht, sondern der Mehrwert, den er mit dem Kauf erzielt.

Wenn Sie es also schaffen, den Mehrwert, den Sie bieten, darzustellen, dann kommen Sie aus der Zeit-gegen-Geld-Falle raus; Ihr Kunde beauftragt Sie dafür, dass Sie ihm den erwarteten Mehrwert (Nutzen) liefern oder ermöglichen.

Andere Branchen machen es besser
Ich liebe Vergleiche, da sie Dinge oft gut erklären. Ich vergleiche einfach mal einen Autokauf mit einem Coaching und stelle die Frage: Warum kauft jemand dieses Gut (Auto) oder die Dienstleistung (Coaching)?

8.2.1 Warum kauft jemand ein Auto?

- Man kann damit bequem von A nach B kommen.
- Man kann damit Geld verdienen (Taxi, Lastwagen etc...).
- Man kann damit Anerkennung gewinnen.
- Man kann damit Spaß haben.
- …

Ich kenne keinen Autokäufer, der jemals danach gefragt hätte, wie hoch denn die Produktionskosten für den Wagen gewesen seien und danach dann seine Zahlbereitschaft ausrichtete.

Autos werden alleine wegen des Mehrwertes gekauft, den sie dem Käufer liefern und die er bezahlen kann.

Übertragen wir den Gedanken mal aufs Coaching, auf Beratung, auf Training und alle anderen möglichen Dienstleistungen:

8.2.2 Warum kauft jemand Coaching (Training oder Beratung), eine andere Dienstleistung oder ein Produkt?

- Man löst Probleme, die man nicht alleine lösen kann (und deren Bestehen vielleicht sehr teuer ist).
- Man will sein Geschäft weiter entwickeln.
- Man bringt Wissen in ein Unternehmen, welches nicht vorhanden ist, aber nötig ist, um geschäftlich weiter zu kommen.
- Man will wieder glücklich leben.
- Man will wieder ein harmonisches Paarleben genießen können.

Mal ehrlich: Glauben Sie, dass jemand, der in einer total unglücklichen Beziehung lebt und der dieses Unglück beenden will, den Wert Ihrer Leistung danach beurteilt, wie hoch Ihr Honorar je Stunde ist? Ich glaube das nicht!

Immer vorausgesetzt, dass der Kunde sich Ihre Leistung in irgendeiner Art und Weise leisten kann: Wie hoch wäre wohl der Wert für einen Menschen, endlich wieder glücklich zu sein? 100 EUR, 1000 EUR, 5000 EUR?

Wie viel Geld ist es einem Ehepartner wert, endlich wieder ein harmonisches Eheleben mit seinem Partner führen zu können?

8.2.3 Bieten Sie Produkte an und verkaufen Sie Mehrwerte – und nicht Stunden

Um aus der Zeit-gegen-Geld-Falle raus zu kommen, müssen Sie Ihr Angebot so umformulieren, dass Sie den Wert Ihrer Arbeit, und nicht deren Preis in den Vordergrund rücken.

In meinem Fall ist das z. B.

- Mehr Kunden gewinnen
- Mehr Kunden übers Internet gewinnen und ausreichend Umsatz machen
- Höhere Honorare erzielen und sich dadurch mehr leisten können
- Ende der Existenzangst
- usw.

Ich spreche mit meinen Kunden darüber, was sie davon haben, wenn sie mich beauftragen. Für viele der Bedarfe habe ich „Produkte" geschnürt, die ich zu Pauschalpreisen anbiete.

- Monatspauschale
- Drei-Monats-Paket
- Preis für ein Training
- Begleitung auf Erfolgsbasis (Provision)

Je mehr Sie es schaffen, aus einer zeitbasierten Dienstleistung ein Produkt zu machen, welches als Ganzes einen Mehrwert erzeugt, kommen Sie aus der Zeit-gegen-Geld-Falle raus.

So wie ein Autohersteller sein Produkt nicht mit „Stunden der Herstellung" anbietet, sondern als „Produkt, mit dem Sie komfortabel von A nach B kommen", so können Sie Ihr Angebot in Komplettpakete verpacken.

8.2.4 Vorteile der Produktisierung Ihres Angebotes

- Sie verlassen die Preis-Vergleichbarkeit mit anderen Anbietern.
- Sie können Angebote formulieren, die den größten Engpass Ihres Kunden wahrscheinlich lösen.
- Sie fokussieren Ihren Kunden auf Wert – nicht auf Kosten.

Da es der gleiche Aufwand ist, ein Produkt für 100.000 EUR zu verkaufen, wie eines für 10 EUR, erlösen Sie bei gleichem Aufwand einfach mehr Geld.

Ich rate Ihnen abschließend, die Zeit-gegen-Geld-Falle zu verlassen und mehr und mehr dazu über zu gehen, Produkte anzubieten, die einen festen Preis haben.

8.2 Raus aus der Zeit-gegen-Geld-Falle

Praxisbeispiel für die Produktisierung eines Angebotes
Ich kenne einen Heilpraktiker, der ausschließlich gegen einen Pauschalpreis mit seinen Klienten arbeitet. Auf die Idee dazu kam er, weil er feststellte, dass seine Klienten gerne „Besserung" mit „Heilung" verwechselten und nach einigen Sitzungen nicht mehr zu ihm kamen, weil sich ihr Zustand ja gebessert hatte.

Also entschied er sich, künftig nur noch gegen einen Pauschalpreis mit seinen Kunden zu arbeiten. Das realisiert er so, indem er sich „alle Zeit der Welt nimmt", um zu verstehen, wo der Schuh seines Kunden drückt. Dann arbeitet er einen vollständigen Behandlungsplan aus, der durchaus auch mal ein Jahr oder mehr in Anspruch nehmen kann. Dann nennt er dem Kunden seinen Preis dafür (oftmals ein fünfstelliger Betrag), schließt seinen Vertrag mit dem Kunden, schreibt seine Rechnung und beginnt, mit dem Kunden an der Linderung dessen Leiden zu arbeiten.

Zum einen sortiert er damit die Kunden aus, die es nicht ernst meinen und nur auf eine „schnelle Heilung für wenig Geld" aus sind. Zum anderen sichert er damit seinen Akquiseaufwand ab.

Sollte ein Kunde die Behandlung nicht zu Ende führen, so ist das zwar nicht schön, aber es ist leichter zu akzeptieren, wenn Sie, der Dienstleister, das Geld schon auf Ihrem Konto haben.

Alles, was es dazu braucht, ist der Mut, es genauso zu machen.

In anderen Branchen ist die Produktisierung ebenfalls möglich, z. B.:

- In der Baubranche (besonders im B2C-Sektor):
  - Das Zimmer renovieren zum Festpreis.
  - Differenzierung:
    Mit Reinigung
    Innerhalb von nur 3 Tagen (wir arbeiten dann lange)
    Erweiterte Garantien
    Nachbesserung nach 1 Jahr
    etc...
- Im Nagelstudio:
  - Nägelmachen mit Haltbarkeits- oder Ersatzgarantie
- Im Personalrecruiting:
  - Besetzung mit Nachbesetzungsgarantie oder ohne
  - Time to hire
    14 Tage
    4 Wochen

8.3 Aufmerksamkeit durch Vorträge

Gerade für Berater, Coaches und Trainer ist das Halten von Vorträgen in Ihrer Zielgruppe eine gute Gelegenheit, auf sich und ihre Kompetenz aufmerksam zu machen. Viele Veranstalter suchen interessante Vortragsredner, um ihre Veranstaltungen für deren Kunden interessant zu machen.

Solange Sie noch kein Star sind, lautet der Deal in der Regel: Der Veranstalter liefert Ihnen die Zuhörer (potenzielle Kunden) und Sie liefern interessante Inhalte.

Damit für Sie als Vortragender etwas dabei heraus springt, sollten Sie einige Punkte unbedingt beachten:

- Reden Sie nur vor Ihrer Zielgruppe. Wenn Sie als Organisationsentwickler über „Teamentwicklung" vor anderen Organisationsentwicklern sprechen, ist die Chance recht gering, dass Sie daraus einen Auftrag als Organisationsentwickler ziehen können.
- Untersagen Sie zu Beginn des Vortrags das Fotografieren und Filmen mit Smartphone aus dem Publikum. Bieten Sie stattdessen an, dass die Teilnehmer Ihre Präsentationsfolien zugesandt bekommen. Hierzu müssen sie lediglich ihre Visitenkarte in eine Box werfen – womit Sie auch noch jede Menge Adressen, Telefonnummern und E-Mailadressen von Interessenten eingesammelt haben. Diese können Sie sicher sinnvoll auch vor dem Hintergrund der Einschränkungen durch DSGVO und GUW einsetzen.
- Wenn möglich, nehmen Sie Ihren Vortrag selber auf. Eine Kamera mit gutem Mikro, die so etwas kann und ein Stativ kriegen Sie schon für rund 1000 EUR. Vielleicht kennen Sie auch jemanden, der das für Sie machen könnte. Nutzen Sie das Ergebnis für Ihren YouTube-Kanal, für Ihre eigene Website usw. – multiplizieren Sie also Ihre Leistung.

Ich selbst betreibe einen eigenen Onlineshop, bei dem man sich meine Videovorträge gegen Bezahlung herunterladen kann (www.die-unternehmerakademie.de). Viele dieser Videos sind „Abfallprodukte" von Vorträgen und Webinaren, die ich halte.

8.4 Aufmerksamkeit durch Webinare/ Onlineseminare

Webinare sind Seminare/Vorträge, die online durchgeführt werden. Vortragender und Teilnehmer sitzen in der Regel an ihren eigenen PCs, Smartphones oder Tablets und nehmen an einem Seminar teil.

8.4 Aufmerksamkeit durch Webinare/Onlineseminare

Es gibt Live-Webinare, die also in dem Moment gehalten werden, in dem die Teilnehmer dabei sind und es gibt voraufgezeichnete Webinare, auf die Teilnehmer einfach so, jederzeit, zugreifen können (streng genommen sind das dann einfach Videos von Webinaren oder Seminaren).

Ich gehe hier nicht näher auf die Plattformen ein, mit denen Webinare sinnvoll gehalten werden können. Die derzeit interessantesten Plattformen auf diesem Markt sind sicher Edudip, Clickmeeting & Zoom und Webinaris (für Offlinewebinare). Googlen Sie am besten mal danach.

Die Vorteile von Webinaren liegen auf der Hand
- Sie haben keine Reisezeiten.
- Sind von überall aus möglich, wo es PC und Internet gibt.
- Sind aufzeichenbar (und dadurch vielfach verwertbar).
- Sind beliebig skalierbar (hunderte von Teilnehmern sind kein Problem).
- Wenn wenige Besucher teilnehmen, war zumindest der Aufwand dafür gering, im Gegensatz zu Vor-Ort-Seminaren.
- Mit Webinaren können Sie Ihre lokale Wahrnehmung erheblich ausdehnen.

Um mit Webinaren erfolgreich zu sein sollten Sie Folgendes beachten
- Halten Sie sich tendenziell kürzer als bei Präsenzseminaren.
- Werden Sie ein bisschen interaktiver: Gestalten Sie Umfragen, bauen Sie Filme und spannende Präsentationen ein.
- Zeichnen Sie Ihre Webinare auf und verwenden Sie sie mehrfach: Bei YouTube, auf Ihrer Website, auf Ihrer Facebookseite, in Ihrem Downloadshop, als Webinarreihe (auch gegen Bezahlung) usw.

Allerdings werden die Menschen nicht einfach so an Ihren Webinaren teilnehmen. Sie müssen darauf aufmerksam machen, also z. B. bei XING, Facebook, LinkedIn, mit bezahlten Anzeigen usw.

Ich bin persönlich sehr davon überzeugt, dass es in Zukunft für Berater, Coaches und Trainer immer schwerer werden wird, dem Kunden zu erklären, warum man 20 Leute zu einem Seminar fährt, anstatt sie an ihren Plätzen sitzen zu lassen und mit ihnen eines oder mehrere Onlineseminare oder Webinare durchführt.

Deswegen rate ich zumindest den Beratern, Coaches und Trainern unter Ihnen, sich schnell mit diesem Medium anzufreunden und dessen Nutzung zum Normalfall für Sie zu machen.

8.5 Aufmerksamkeit durch Videos

Wie Videos von Ihnen entstehen können, haben Sie oben bereits gelesen. Es gibt viele Berater, Coaches und Trainer, die hervorragende Videos mit ihren Smartphones produzieren. Es hat sich eine ganze Zubehörbranche etabliert, die Artikel anbietet, um aus Smartphones hervorragende Aufzeichnungsgeräte zu machen: Stative, Mikrofone usw.

„Ich kann nicht" gilt also nicht mehr. Im einfachsten Fall zeichnen Sie einfach ein Video mit der Webcam Ihres PCs auf.

Sicher ist: Mit Videos mit interessanten Inhalten können Sie auf sich und Ihre Kompetenz besser aufmerksam machen, als mit jedem anderen Medium. Gerade im „People-Business", in dem die Persönlichkeit des Dienstleisters eine entscheidende Rolle spielt, hat der Kunde die Möglichkeit, Sie kennen zu lernen, ohne Sie persönlich zu treffen.

Veröffentlichen Sie Ihre Videos auf Ihrem YouTube-Kanal, auf Facebook, auf Ihrer Website oder auf jedem von Ihnen bespielten Kanal.

Sie müssen nicht das Niveau von „Der Herr der Ringe" oder „Avatar" haben. Einfach reicht. Trauen Sie sich und experimentieren Sie ein wenig.

Wichtig für Videos, die auf Ihr Kompetenzkonto einzahlen sollen sind:
- Interessanter Inhalt – Werbung nur ein bisschen („weitere Infos finden Sie auf meiner Website…")
- Tonqualität (gute Mikrofone gibt es ab circa 50 EUR)
- Eine gute Ausleuchtung (Videoleuchten bekommen Sie ab circa 40 EUR)
- Eine ansprechende Umgebung (Dreckwäschekörbe im Hintergrund beim Video zu „Executive-Coaching" wären zum Beispiel kontraproduktiv)

Wenn Sie das beachten, können Sie gar nichts falsch machen. Falsch machen Sie es aber, wenn Sie nicht in der beschriebenen Weise präsent sind, denn: Ihre Konkurrenz macht es schon und nimmt Ihnen die Kunden weg!

8.6 Bloggen und Content Marketing

Angeblich sorgt guter Content dafür, dass man Kunden „automatisch", „einfach", „wie von selbst" gewinnt – so hört man es zumindest oft in Vorträgen oder Seminaren von Online-Marketing-Experten.

8.6 Bloggen und Content Marketing

Ein bisschen was davon stimmt auch, aber ganz so einfach, wie es sich anhört, ist es eben nicht.

In diesem Kapitel will ich Ihnen erklären, wie man mit gutem Content wirklich neue Kunden und Aufträge gewinnen kann.

8.6.1 Was ist eigentlich Content?

Unter Content im Sinne des Online-Marketings, versteht man selbst verfasste Blogbeiträge, Podcasts, Videos, Whitepapers etc., die man als Experte seinen Kunden kostenlos zur Verfügung stellt.

Und was ist guter Content?
Gut ist ein Content nach landläufiger Expertenmeinung dann, wenn er seiner Zielgruppe einen Nutzen stiftet.

Blanke Werbebeiträge oder Webseiten wie „Über mich" oder „Mein Angebot" sind demnach kein Content im Sinne von Content Marketing.

Wie geht nun Content Marketing (und wie geht es nicht)?
Die Idee hinter Content Marketing ist diese:

Liest ein potenzieller Kunde einen guten Blogbeitrag von Ihnen oder findet in einem kurzen Video wertvolle Inspiration, dann zahlt das auf Ihr Kompetenzkonto aus Kundensicht ein und er bucht Sie bzw. wird Ihr Kunde.

Gegen diese Idee ist auch grundsätzlich nichts einzuwenden. Im Prinzip klappt sie, so wie Sie ja auch in einem persönlichen Gespräch mit Ihrer Kompetenz punkten können.

Vielfach wird in Vorträgen und Blogbeiträgen zu dem Thema aber suggeriert, man müsse nur möglichst viel Content erstellen und schon würden die Kunden magnetisch angezogen und einem geradezu die Tür einrennen.

Das ist leider nicht so.

8.6.2 Und warum klappt das nicht so automatisch mit dem Content?

Content Marketing bedeutet: Man nutzt seinen Content fürs Marketing – nicht: Content macht das Marketing für mich. Auf die Idee, guten Content zu veröffentlichen kamen schon viele und jeden Tag kommt weitere Konkurrenz hinzu.

Für die Suchmaschinen bedeutet das, dass sie ständig entscheiden müssen, welchen guten Content sie nun auf eine Kundensuchanfrage als erstes zeigen und welche erst auf Seite 55 in den Suchergebnissen. Die Idee, dass guter Content Ihnen also einfach Kunden zuführt, weil die Suchmaschine ihn findet und Sie dann zuerst anzeigt, scheitert schlicht an der Masse guten Contents, den es schon im Internet gibt.

Bei den Pionieren des Bloggings mag das noch anders gewesen sein, aber heute, im Jahre 25 nach Internetstart, ist das eindeutig vorbei – zumindest in der Regel.

Übrigens: Webseiten ohne nennenswerte Inhalte haben so gut wie gar keine Chance mehr, über die Suchmaschinen ausreichend angezeigt zu werden.

8.6.3 Und wie klappt das Marketing nun mit Content?

Content Marketing funktioniert – vereinfacht gesagt – auf zwei Arten:

1. Indem Sie wirklich besser bei Suchmaschinen gefunden werden, weil Sie guten Content auf Ihrer Website haben (so genannte organische Auffindbarkeit).
2. Indem Sie Ihren wertvollen Content promoten, z. B. durch:
   – Bezahlte Onlineanzeigen (SEA/SEM),
   – Postings in Fachforen oder Onlineforen, in denen Ihre potenziellen Kunden unterwegs sind,
   – Postings in sozialen Netzwerken (in denen sich Ihre Zielgruppe aufhält),
   – usw.

Also konkret:
Sie haben einen wertvollen Blogbeitrag geschrieben und der liegt nun öffentlich zugänglich auf Ihrer Website. Jetzt kopieren Sie die URL (das ist die Internetadresse) dieses Blogbeitrages, gehen damit z. B. in XING in eine Fachgruppe, in denen sich Ihre Zielgruppe tummelt, und schreiben:
„Hallo, haben Sie sich auch schon immer gefragt, wie Sie A, B oder C lösen können? In meinem Blogbeitrag finden Sie die Antwort dazu …" (und fügen dann die URL dort ein).

Oder:
Sie schalten z. B. bei Google, Bing oder in anderen Suchmaschinen eine Anzeige mit dem Text:

8.6 Bloggen und Content Marketing

„Frittieren ohne Fett? Lesen Sie hier, wie das geht..." und verlinken auf Ihren Blogbeitrag.

Kurzum: Sie weisen an vielen Stellen darauf hin, dass es sich lohnt, Ihren Content zu lesen, anzusehen oder anzuhören. Dadurch locken Sie Interessenten auf Ihre Website, diese surfen vielleicht von Blogbeitrag zu Blogbeitrag (die sind nämlich am besten auch noch verlinkt) und am Ende denkt der Kunde: *„Wow, das Angebot ist super. Da rufe ich jetzt mal an..."*.

8.6.4 Zusammenfassung: So geht Content Marketing

- Wertvollen Content erstellen
- Auf eigene Website legen
- Auf anderen Plattformen auf den Content hinweisen (Verlinken ist wichtig!)
- Dadurch Kunden auf die eigene Website führen und überzeugen
- Auftragsbuch auspacken

Wenn Sie das einige Zeit durchziehen, werden Sie zwangsläufig in Ihrer Zielgruppe irgendwann mit Ihren Themen wahrgenommen, es erfolgt eine Kompetenzzuschreibung und das bringt langfristig auch Kunden.

Übrigens zeigt sich auch hier wieder, wie hilfreich das Thema „Positionierung" ist. Schreiben Sie immer über einen bestimmten Themenkomplex, positionieren Sie sich damit zwangsläufig für diesen Themenkomplex. Hoffentlich ist es der, der zu Ihrer gewählten Positionierung passt.

9 Elevator-Talk – für den ersten Eindruck gibt es keine zweite Chance

So langsam geht es ins Feld. Sie sind ordentlich positioniert, haben eine tolle Website, kennen Ihre Wunschkunden und wissen, wo Sie diese antreffen.

Dort, z. B. auf regionalen Businesstreffen, laufen Sie hoch motiviert ein, jemand streckt Ihnen die Hand entgegen und sagt:

„Hallo, mein Name ist Müller, ich habe Sie hier noch nie gesehen. Was machen Sie denn so?"

Nach meiner Erfahrung vergeigen viele Selbstständige diesen Moment und damit die Chance auf einen Elevator-Talk – bei dem sie die Länge einer Fahrstuhlfahrt Zeit haben, sich und ihr Produkt auf den Punkt zu erläutern. Sie hinterlassen irgendeinen Eindruck, aber nicht unbedingt den, der strategisch sinnvoll wäre.

So gelingt Ihnen der Elevator-Talk

Die Aufmerksamkeitsspanne von Menschen für den ersten Eindruck beträgt nur wenige Sekunden bis zu circa 2 min. Innerhalb dieser Zeit entscheidet Ihr Gegenüber, ob er das Gespräch mit Ihnen vertieft, oder nicht.

Diese Entscheidung ist kontextabhängig: Auf einer Cocktailparty im privaten Rahmen legt Ihr Gesprächspartner andere Maßstäbe an Sie an, als auf einer Business-Veranstaltung (vor allem, wenn Sie sagenhaft gut aussehen).

Diese offensichtlich klare Tatsache scheinen manche Selbstständige gerne mal zu missachten, wenn sie in einem Rahmen mit potenziellen Kunden unterwegs sind.

Bei Vorstellungsrunden höre ich oft Vorstellungen in der Länge von 15 min und mehr. Sie beginnen bei der Geburt, gehen über die spannende Zeit des Kindergartens, der Schule, des Studiums, der Erklärung, warum derjenige bestimmte Aktivitäten eingestellt hat und so weiter.

Bei Businessveranstaltungen geht es aber einzig und allein darum, neue Kunden für sich zu interessieren (oder Business-Partner). Die Zielsetzung einer Vorstellung muss es also sein, potenzielle Kunden in kurzer Zeit für sich zu interessieren. Private Lebensläufe haben hier nichts zu suchen. Ihr Gegenüber entscheidet in Sekundenschnelle: „Brauche ich" oder „Brauche ich nicht". Darauf sollten Sie vorbereitet sein. Ihren Elevator-Talk müssen Sie einfach im Schlaf beherrschen, um Ihr Gegenüber auf Sie aufmerksam zu machen.

Im Folgenden gebe ich Ihnen eine Struktur an die Hand, mit deren Hilfe es Ihnen leichter fallen wird, sich im Businessumfeld vorzustellen. Sollten Sie über ein breites Portfolio mit unterschiedlichen Positionierungen verfügen, empfehle ich Ihnen, sich mehrere Elevator-Talks zurechtzulegen und sie kontextabhängig einzusetzen.

Mit dieser recht einfachen Struktur können Sie schnell die gewünschte Aufmerksamkeit auf sich lenken. Von sehr blumigen Umschweifen wie „Ich sorge dafür, dass Sie auch im Alter noch ruhig schlafen können…" (für Kapitalanlagen) rate ich ab. Ich finde, Sie sollten schon zu dem stehen, was Sie tun. Wenn Sie Verkäufer sind, sagen Sie, dass Sie Verkäufer sind und nicht „Berater". Niemand will zu einem Kfz-Berater, wenn er ein Auto kauft.

Benutzen Sie z. B. diese Struktur für Ihre Kurzvorstellung:

- Ich bin…
- Ich mache für Sie/Ich biete Ihnen…
- Damit Sie…
- Aufforderung (Call-to-action)

Beispiel (für mich, Akquise-Coach Robert Flachenäcker)
Ich bin…
Mein Name ist Robert Flachenäcker. Ich bin Online-Coach und Trainer und helfe Kleinunternehmen, Freiberuflern und selbstständigen Unternehmern dabei, mehr Aufträge zu erhalten.

Online-Coach und Trainer deshalb, weil Sie meine Coachings auch online – also ortsunabhängig – erhalten können.

Ich mache für Sie/Ich biete Ihnen…
Mit meiner Hilfe erschließen Sie sich über persönliche Kontakte, das Internet und Social Media Ihre Kunden und Aufträge. Zusammen sorgen wir dafür,

dass Ihre potenziellen Kunden Sie bei Google & Co. finden, Ihr Telefon klingelt und Kunden Aufträge an Sie loswerden wollen.

Damit Sie…
Dadurch verkaufen Sie Ihre Leistung 24 h am Tag, an 365 Tagen im Jahr und können sich entspannt um die Bearbeitung Ihrer Aufträge kümmern, während neue hereinkommen.

Aufforderung
Nutzen Sie gerne die Gelegenheit, mich hier anzusprechen, wenn Sie daran interessiert sind, mehr Kunden und Aufträge übers Internet, Facebook, XING & Co. zu generieren.
Das Kennenlerngespräch kostet Sie nicht mehr als eine Stunde Ihrer Zeit.

Ja, so einfach ist es. Wer nicht innerhalb von wenigen Sekunden eine Einordnung darüber machen kann, ob er Sie und Ihre Leistung benötigt, ist erst einmal weg.

Wenn Sie am Ende Ihrer Vorstellung merken, dass das, was Sie anbieten überhaupt nichts für Ihr Gegenüber ist (weil er z. B. das gleiche macht, oder bereits ausreichend Aufträge und Kunden hat), dann suchen Sie den nächsten Kontakt.

Keinesfalls sollten Sie jetzt auf ein Signal Ihres Gegenübers warten, um dann sagen zu können „Das mache ich auch und das auch und das auch…". Am Ende der Veranstaltung wird sich dann niemand mehr daran erinnern, wofür Sie wirklich stehen. Natürlich gibt es eine zweite Chance, aber die ist viel schwerer zu ergreifen, als die erste.

Also: Machen Sie sich in Kürze interessant. Wenn ihr Gesprächspartner erst einmal angebissen hat, ist er später vielleicht auch für Ihre Heldentaten im Kindergarten empfänglich.

Wer überhaupt keinen Bedarf an Ihrer Arbeit hat, der wird Sie auch nicht anrufen, wenn Sie ihn vorher in den Schlaf geredet haben.

9.1 Sprechen Sie nur mit dem PaPo

Für Selbstständige, die sich im sogenannten B2B-Markt bewegen, also an andere Unternehmen verkaufen, habe ich einen einfachen aber oft missachteten Tipp: Sprechen Sie überwiegend mit dem „PaPo". Der „PaPo" hat die „Pay" und die „Power".

Es ist die Person im Unternehmen, die Ihnen den Auftrag erteilen kann, weil sie die Macht dazu hat und das Budget, um den Auftrag auch zu bezahlen. Man sagt: Bei Chefentscheidungen richtet sich das Budget für einen Auftrag nach der Entscheidung des Chefs, bei Entscheidungen von Subalternen richtet sich der Auftrag nach dem Budget, das ihnen zugestanden wird.

Es ist nur selten effektiv, Projektmanager oder IT-Fachleute auf Veranstaltungen anzusprechen, in der Hoffnung, es kommt dabei zum Auftrag. Diejenigen Selbstständigen, die sich in ihrer Akquise direkt an die Entscheider wenden (die PaPos) und diese überzeugen können, haben es viel, viel leichter, Aufträge zu erhalten. Die PaPos sind nur in der Regel nicht so einfach zu finden.

PaPos verfügen oft über eine harte Tür. Zudem gehen sie oft nicht selbst auf Veranstaltungen, auf denen sich viele Anbieter tummeln, sondern sie schicken ihre Mitarbeiter dort hin.

Die Kunst besteht für Sie in der Akquise also darin, Zugang zu den PaPos zu finden. Suchen Sie gezielt nach Netzwerken, in denen sie sich treffen (die IHKs und HWKs sind z. B. gute Adressen für lokale Märkte), aber auch echte Unternehmerstammtische und natürlich auch Unternehmer-Empfehlernetzwerke wie PEN und BNI.

Bitte verschwenden Sie in Ihrem eigenen Interesse Ihre Zeit nicht mit dem Versuch, im Vorzimmer einen Auftrag zu erhalten. Sie sind dann zwar beschäftigt (vermeintlich sinnvoll) es kommt aber nichts für Sie dabei heraus.

Gute Verkäufer nutzen gelegentlich diese Frage im Gespräch:
„Wenn ich Ihnen hier und jetzt ein Angebot mache, das vollständig alles enthält, was Sie brauchen und das zu einem Preis, der für Sie attraktiv ist – kann ich dann sofort mit einem Auftrag rechnen?"

Sie müssen die Frage nicht unbedingt direkt an Ihr Gegenüber richten. Es ist schon hilfreich, wenn Sie sich diese Frage im Gespräch mit möglicherweise interessanten Gesprächspartnern mal selbst stellen:

„Kann mir dieser Gesprächspartner einen Auftrag erteilen?" Wenn nein: „Wie kann er mir helfen, zum PaPo zu gelangen?"

Denken Sie bitte immer an den alten Verkäuferwitz:
Treffen sich zwei Außendienstverkäufer an der Frittenbude.

> Fragt der Erste: „Na wie läuft's?"
> Sagt der Zweite: „Super, hatte gerade ein sehr interessantes Kundengespräch, und bei Dir so?"
> Antwortet der Erste: „So ähnlich – ich habe auch nichts verkauft!"

Also: Wenn Sie Umsatz machen wollen, verschaffen Sie sich Zugang zu den PaPos Ihrer Zielgruppe. Im B2C-Bereich – also beim Verkauf an Endkunden – machen Sie das ja auch so.

Sie kämen doch nie auf die Idee, einem Großcousin Ihres Wunschkunden das Angebot schmackhaft zu machen, das sie an dessen Großcousin verkaufen wollen, oder?

9.2 Gehen Sie davon aus, dass Ihr Preis nicht zu hoch ist

Immer wieder treffe ich Selbstständige, die mit der permanenten Angst durch die Welt gehen, dass ihr Preis für ihre Leistung zu hoch angesetzt ist und deshalb oft zu günstig einsteigen.

Bitte gehen Sie grundsätzlich davon aus, dass Ihr Preis tendenziell zu niedrig angesetzt ist. Ihr Kunde kauft nämlich nicht das, was es ist, sondern den Wert dessen, was er bekommt. In einer Welt, in der normale Menschen 1000 EUR und mehr für ein Telefon ausgeben, dass sie sich in die Hosentasche stecken können, oder für ein Auto 50.000 EUR bezahlen, mit dem sie nur 15.000 km im Jahr fahren, ist genügend Geld vorhanden, um auch für Ihre Dienstleistung einen angemessenen Preis zu verlangen.

Die Kunst, die diejenigen beherrschen, die in einem Markt, in dem man einen PC schon für 500 EUR bekommt, erfolgreich einen PC für 2000 EUR anzubieten besteht mitunter darin, mehr über den Mehrwert des Produktes zu sprechen, als über seinen Preis.

Ebenso hat der Herstellungspreis eines Produktes nichts mit dessen Wert für den Kunden zu tun.

Wer für sein neues Auto eine „Metalliclackierung" möchte, ist bereit dafür zwischen 600 und 1200 EUR zu bezahlen. Der Herstellungspreis für diesen Mehraufwand beträgt gerade mal ca. 50 EUR.

Bei dem oben genannten teuren Telefon gehen Fachleute übrigens von einem ähnlichen Herstellungspreis aus wie bei einem günstigeren Modell. Bitte denken Sie daran, dass es sich um millionenfach hergestellte Massenware handelt, auch wenn die Marke selber manchmal etwas anderes suggeriert.

In all diesen Fällen wird die Kunst genutzt, den Mehrwert für den Käufer in den Vordergrund zu stellen (Ansehen, Geltung, Individualität…) und nicht den Preis des Produktes.

Also, bevor Sie darüber nachdenken, wie Sie Ihr Angebot billiger anbieten können, um so vermeintlich mehr Kunden zu erhalten, denken Sie lieber darüber nach, wie Sie es schaffen, es aus Sicht Ihrer Kunden wertvoller zu machen.

Stellen Sie sich besser die Frage, wie es erfolgreichere Kollegen schaffen, eine Stunde ihrer Leistung für 5000 US$ anzubieten (beim NLP-Trainer Anthony Robbins ist das angeblich so) oder Autos für 100.000 EUR zu verkaufen, während andere mit Rabatten um sich werfen müssen.

Auch in Ihrer Branche gibt es sicher Beispiele von Unternehmern, die mit dem gegenläufigen Trend zum „Dumping" sehr erfolgreich sind. Lernen Sie doch einfach von ihnen.

9.3 Erst abkaufen lassen, dann dazu verkaufen

Eine der genialsten und einfachsten Methoden des Upsellings habe ich in meiner Zeit im Außendienst eines Bastelfarbenherstellers von einem alten Kollegen mitgenommen: Erst abkaufen lassen, dann dazu verkaufen.

Das Prinzip ist bestechend einfach: Ihr Kunde ist in Orderlaune. Sie unterbrechen ihn auch gar nicht weiter und nehmen das als Bestellung auf, was er Ihnen zuruft.

Wenn er fertig ist sagen Sie so etwas wie:

- *„Sie haben 12 Gläser schwarz gesagt. Schwarz geht aber immer mehr als die anderen. Wollen wir daraus 36 Gläser machen"*
- Oder zu dem Kunden, der schon vier Eisbällchen im Becher hat und „zahlen" signalisiert, sagen Sie: *„Zu Stracciatella wird sehr gerne auch noch dunkle Schokolade genommen. Machen wir noch ein Bällchen drauf?"*
- Oder im Restaurant, wenn der Kunde die leckere Panna Cotta bestellt, sagen Sie: *„Aber mit doppeltem Espresso, oder?"*

usw.

Ich kann Ihnen nur sagen: Ihr Mut wird sich an der Stelle nicht nur auszahlen, weil die Kunden Ihnen für diese Hinweise dankbar sind, sondern Sie merken diese „Kleinigkeit" auch sehr schnell an Ihrem Kontostand.

Eine wunderschöne Überleitung für die nächsten Kapitel...Verkaufen.

Verkaufsgespräche erfolgreich führen 10

Verkaufen ist die Kunst, mit Worten und Haltung auf das Herz des Käufers zu zielen und den Verstand dazu zu bringen, die Brieftasche zu öffnen.

Machen wir es kurz und schmerzlos: Als Selbstständiger müssen Sie Verkäufer in eigener Sache werden. Da schadet es nichts, sich ein bisschen intensiver mit der Kunst des Verkaufens zu beschäftigen.

10.1 Selbstbewusst und überzeugt sein

Die typische Haltung vieler Menschen zum Verkäuferberuf ist diese:

> Wer nix wird, wird Wirt.
> Wer gar nix wird, wird Bahnhofswirt.
> Und ist auch dies ihm nicht gelungen, so geht er in Versicherungen.

Ok – der Volksmund hat wie immer nicht 100 % Unrecht, keinesfalls aber zu 100 % Recht. Natürlich gibt es in der Verkäuferbranche auch einige unseriöse Kollegen. Aber gibt es die nicht in jeder Branche? Würde ein guter Metallbauer seinen eigenen Beruf leugnen, nur weil er Kollegen kennt, deren Eisentreppen zusammenbrechen? Wohl kaum.

Wenn er einigermaßen clever ist, stellt er seine Kompetenz als Metallbauer erst recht ins rechte Licht und verschafft sich so einen Wettbewerbsvorteil.

Im Verkauf ist es leider oft so, dass Verkäufer ihren Beruf vertuschen. Der Verkaufserfolg steht und fällt aber mit der Haltung des Verkäufers – und somit auch der Erfolg in persönlichen Kundengesprächen.

© Springer Fachmedien Wiesbaden GmbH, ein Teil von Springer Nature 2019
R. Flachenäcker, *Mehr Kunden für Kleinunternehmen und Solopreneure*,
https://doi.org/10.1007/978-3-658-25909-9_10

Es ist völlig unmöglich für einen Menschen, eine Fassade, die nicht seiner Haltung entspricht, dauerhaft aufrecht zu erhalten. Die Menschen um Sie herum merken die Inkongruenz, also die Abweichung von Sein zu Schein irgendwann und sie kostet den Inkongruenten viel Energie. Er laugt oder brennt irgendwann aus.

Nichts, was ich Ihnen in diesem Buch anbiete wird funktionieren, wenn Ihre eigene Haltung zu Ihrem Job als Verkäufer nicht stimmt. Der Vorteil den Sie gegenüber jedem angestellten Verkäufer haben ist der, dass Sie die Produkte, die Sie verkaufen, selbst bestimmen. Es gibt sicher keinen Grund, nicht zu Ihren eigenen Produkten und Dienstleistungen zu stehen. Falls doch, überdenken Sie bitte noch einmal, was Sie beruflich machen.

Nachdem das also geklärt ist, kann es losgehen: Werden Sie jetzt professioneller Verkäufer in eigener Sache!

10.2 Professioneller Verkäufer in eigener Sache werden

Ihr Erfolg als Verkäufer in eigener Sache beginnt mit der Klärung der Grundsatzfrage:

▶ Was ist der Job des Verkäufers?

Wenn ich diese Frage in meinen Seminaren und Vorträgen stelle, schauen mich die Teilnehmer manchmal komisch an. Scheinbar ist das doch so klar:
Die Hitliste:

- „Kunden beraten" dann folgen
- „Kunden betreuen" und
- „Kunden helfen"

Wenn ich dann deutlich zu Bedenken gebe: *„Ich glaube, der Job des Verkaufens ist es in erster Linie, einen Verkaufsabschluss herbeizuführen"*, ernte ich gelegentlich ein Raunen und ungläubige Blicke, teilweise blankes Entsetzen.

Als nachhaltig orientierter Berater ergänze ich das gerne um den Satz: *„... und einen zufriedenen Kunden zu hinterlassen..."*.

Irgendwann begann mal ein Trend, den Verkäuferberuf zu maskieren. Da wurden aus Handelsvertretern plötzlich „Gebietsleiter", aus Versicherungsverkäufern

10.2 Professioneller Verkäufer in eigener Sache werden

plötzlich „Finanzberater" und aus Verkäufern im Baumarkt wurden „Verkaufsberater".

Das ist meiner Meinung nach totaler Quatsch. Ein Berater erhält ein Honorar (ich z. B., wenn ich Beratungsaufträge annehme). Kennen Sie einen Verkäufer, der ein Honorar erhält? Also jemanden, der dafür vom Kunden bezahlt wird, dass er berät und Zeit gegen Geld tauscht? Wenn nicht, dann wäre das wohl geklärt....

Jahrelang hat man – wohl aus marketingtechnischen Überlegungen heraus – Verkäufern eingetrichtert, sie seien „Berater", „Betreuer", „Produktspezialisten", „Kundenmanager" oder sonst irgendwas – nur eben keine Verkäufer.

Die Ergebnisse sind allerorten zu beobachten: Viele Verkäufer verhalten sich genauso. Sie beraten, betreuen und begleiten und haben den Abschluss nicht mehr im Blick. Ich sehe den Job des Verkaufens so:

> **Wichtig**
> „Ein Verkäufer ist jemand, dessen Job es ist, einen Verkaufsabschluss bei einem Kunden herbeizuführen, und damit den Umsatz eines Unternehmens zu sichern.
> Dazu bedient er sich überwiegend eines professionellen Kommunikationshandwerks in Wort und Schrift."

Ein Verkäufer führt Kundengespräche und weiß möglichst genau, wann er was und wie sagen muss, damit ein Abschluss daraus wird. Alles andere ist Augenwischerei. Die Haltung des Verkaufens muss die sein, mit Stolz seinen Beruf als geschickter Kommunikationshandwerker auszuüben – immer mit dem Ziel, einen Abschluss zu machen.

Erst, wenn am Ende Ihres Kundengesprächs ein Kunde sagt, dass er gerne mit Ihnen zusammenarbeiten möchte, haben Sie überhaupt die Chance, die Welt mit Ihrer Dienstleistung oder Ihrem Produkt besser zu machen.

Wer seine Erfüllung darin sieht, seine Kunden übers Ohr zu hauen, der lädt sich eben schlechtes Karma auf und wird irgendwann damit auf die Nase fallen.

Stehen Sie zu Ihrem Beruf als Verkäufer in eigener Sache und bleiben Sie als Verkäufer seriös, auch wenn da draußen Leute herumlaufen, die einem Eskimo einen Kühlschrank und dem Papst Kondome verkaufen wollen.

Sie als Selbstständiger kommen nicht darum herum, als Verkäufer in eigener Sache zu agieren. Bitte stellen Sie sich dieser Herausforderung, indem Sie sich mit dem Handwerk des Verkaufens beschäftigen.

Je besser Sie Ihre Sache für sich selbst machen, desto mehr schützen Sie Kunden davor, von anderen Kollegen schlecht bedient zu werden.

Menschen und Kommunikation im Verkauf verstehen

11

Nur wer sich selbst und den Kunden versteht, wird erfolgreich verkaufen können. Für das erfolgreiche Verkaufsgespräch ist es ebenso wichtig, sich selbst zu verstehen, wie auch den Kunden zu verstehen.

Dazu sind neben einer ordentlichen Prise psychologischen Wissens auch eine ordentliche Portion Selbstkritik und der Wille zu persönlichem Wachstum nötig.

Ich widme dem Bereich „Menschen verstehen" einen relativ großen Teil des Buches weil ich der festen Überzeugung bin, dass ohne das Wissen um die menschlichen (psychologischen Grundlagen) die Ausführungen zum Thema „Verkaufsgespräche führen" nicht ausreichend verstanden werden können.

Das Verstehen des Menschen und seiner Beweggründe führt zudem noch dazu, dass Sie, lieber Leser, dadurch in die Lage versetzt werden, eine funktionierende Verkaufskommunikation ohne „Kochrezeptcharakter" zu führen.

Nichts ist für einen Kunden unglaubwürdiger, als mit einem Verkäufer zu sprechen, der durch sein Auswendiglernen vorgegebener Verkaufsphrasen glänzt. Im besten Fall entlockt das Ihrem Kunden einen Auftrag, keinesfalls aber Spaß daran, mit Ihnen im Dialog zu bleiben.

Wer sich die Zeit nimmt, sich auch mit der Psychologie der Kunden und dem gezielten Umgang mit Sprache zu beschäftigen, wird viel mehr Spaß an der Gestaltung von Verkaufsgesprächen haben, was sich auch auf den Kunden überträgt. Warum das so ist, erfahren Sie im Kapitel mit den Spiegelneuronen (Abschn. 11.4).

Bitte beachten Sie bei allen Persönlichkeitsmodellen, die ich Ihnen hier vorstelle, dass es sich dabei nicht um die Wirklichkeit handelt. Vergleichen Sie die Modelle mit einer Landkarte: Sie stellt ein vereinfachtes Modell der Landschaft dar, durch die Sie wandern. Die Landkarte versetzt Sie in die Lage zu erkennen, wann Sie abbiegen müssen, um ans Ziel zu kommen. Sie ersetzt aber nicht das

Riechen der Tannennadeln, das Fühlen des Bodens unter Ihren Füßen und auch nicht die Freude, die Sie vielleicht bei einer Wanderung mit Ihren Freunden empfinden.

Ob ein Weg auf der Karte nun in blau oder in grün gezeichnet wird, ist alleine die Entscheidung des Kartenzeichners. Dass so eine Landkarte trotz ihrer Vereinfachung sehr hilfreich ist, wenn man sich orientieren will, steht wohl außer Frage, oder? Genauso ist es mit der Beschreibung von Persönlichkeitsmodellen (Kap. 13).

Ich wünsche Ihnen nun mindestens so viele Aha-Effekte, wie ich sie hatte, als ich mich vor vielen Jahren auf den Weg gemacht habe, den Menschen zu verstehen.

11.1 Grundregeln der Kommunikation

In diesem Abschnitt möchte ich Ihnen einige Grundlagen der Kommunikation vermitteln, die für den Erfolg von Gesprächen jeder Art entscheidend sind – besonders aber für Verkaufsgespräche.

Denken Sie immer daran, dass Verkaufsgespräche ein Ziel haben: den Verkaufsabschluss.

11.1.1 Authentisch kommunizieren

Die allerwichtigste Regel, die ich Ihnen zu Beginn mitgeben möchte ist die: Bleiben Sie authentisch.

Sie werden es weder in einer Verkleidung, in der Sie sich unwohl fühlen schaffen, erfolgreich zu verkaufen, noch mit Floskeln und Worten, die nicht Ihre sind, noch in anderen Situationen, in denen Sie sich verstellen müssen.

Wenn Sie im restlichen Leben ein lockerer Typ sind, seien Sie es auch im Verkaufsgespräch. Wenn Sie eher seriös und trocken sind, bleiben Sie es auch im Verkauf.

Jeder Versuch, sich selbst zu verbiegen, und sein zu wollen wie andere, wird Sie unnötig unter Druck und Stress setzen. Stress raubt bekanntlich eine Menge Energie.

Ihr Gesprächspartner wird merken, wenn Sie nicht authentisch sind (nur 7 % eines Gesprächs werden von Worten bestimmt).

Bitte verwechseln Sie aber nicht „authentisch sein" mit „machen, was Sie gerade wollen".

Ihr Handwerkszeug brauchen Sie im Verkauf schon. Die Kunst im Verkauf besteht darin, das nötige Verkaufshandwerkszeug so in Ihre Hand zu nehmen, dass das gewünschte Ergebnis dabei heraus kommt und Sie trotzdem Sie selbst bleiben.

11.1.2 Wahr ist, was B versteht, nicht was A sagen will

Dieses Gesetz der Kommunikation geht auf den großen Paul Watzlawick zurück. Egal, was Sie selbst ausdrücken wollten: Ihr Gesprächspartner gibt dem Gesagten die Bedeutung – seine Bedeutung. Es kann ja sein, dass Sie etwas anderes gemeint haben, das interessiert aber im Zweifelsfalle niemanden.

▶ Der Wurm muss dem Fisch schmecken – nicht dem Angler.

Wenn Sie einen Kommunikationspartner an die Gesprächsangel hängen wollen, dann müssen Sie so kommunizieren, dass Ihr Gegenüber das versteht, vom dem Sie wollen, dass er es versteht.

Deshalb habe ich auch dem Bereich „Typisierung von Menschen" in diesem Buch einen so großen Raum gegeben. Es soll Ihnen helfen, sich auf Ihren Gesprächspartner einzulassen, in seiner Welt zu kommunizieren und zu agieren. Sie können zehnmal einen alten Schuh an die Angel hängen und „Wurm, bitte reinbeißen" darauf schreiben. Die Fische werden Ihren Hinweis ignorieren, weil sie eine andere Vorstellung von „Wurm" haben.

Genauso ist es auch bei Ihrem Gesprächspartner, Ihrem Kunden.

Professionelle Kommunikatoren begeben sich auf die Sprach- und Verständnisebene ihres Gegenübers und sichern immer wieder ab, ob der sie so verstanden hat, wie sie selbst es gemeint haben. Dies können Sie hervorragend durch die Technik des Paraphrasierens erreichen, die bei den Fragetechniken beschrieben wird (Abschn. 14.4).

11.1.3 Der Inhalt des Gesagten wird von den eigenen Gefühlen bestimmt

Wichtig ist hierbei zu verstehen, dass der Inhalt einer Aussage im besonderen Maße von den Gefühlen Ihres Gesprächspartners bestimmt wird: Seine Gefühle geben dem Gesagten die Bedeutung – für ihn.

Hat Ihr Kunde gerade eine schlechte Erfahrung mit etwas Schnellem gemacht, so erzeugt Ihre Aussage: *„Mit diesem Wagen kommen Sie sehr schnell durch den abendlichen Stadtverkehr..."* womöglich ein negatives Gefühl bei ihm und Sie haben eine gute Aussage zum ungünstigen Moment ausgepackt.

Hat er gerade ein positives Erlebnis hinter sich (zum Beispiel: „schnell" hat er die Geburt seiner Tochter erlebt...), so wird dem Wort „schnell" eine positive Bedeutung zuweisen.

11.1.4 Sie können nicht nicht kommunizieren

Auch für diese Erkenntnis gilt es, dem großen Paul Watzlawick zu danken.

Sie kommunizieren immer: mit Ihrer Körperhaltung, Ihrer Kleidung, Ihrer Gestik usw.

In vielen Kulturen gelten Hände in den Hosentaschen im Gespräch als Zeichen von Respektlosigkeit. Sie können davon halten, was Sie wollen: Wenn Ihr Gegenüber dies als eine Respektlosigkeit ihm gegenüber erachtet, ist das ein Minuspunkt für Sie.

Achten Sie bei allem, was Sie kommunizieren, darauf, wie es beim Gegenüber ankommen könnte. Suchen Sie nach Absicherungen für Ihre Annahme. Achten Sie auf sprachliche und nicht sprachliche Signale.

11.1.5 Bedeutung für den Verkauf

Sie können natürlich im Einzelfall nicht wissen, welcher Film gerade in der Gefühlswelt Ihres Kunden abläuft. Sie können jedoch wachsam sein für dessen Reaktionen. Und Sie sollten einfach wissen, dass nicht das, was Sie sagen relevant für Ihren Gesprächspartner ist, sondern das, was er daraus macht. Ihr Erfolg im Gespräch wird sich also unter anderem an Ihrer Offenheit und der Sensibilität gegenüber der Reaktion Ihres Gesprächspartners offenbaren.

11.2 Konstruktivismus

Die Beschäftigung mit dem Konstruktivismus bringt uns grundlegende Erkenntnisse darüber, warum ein Mensch tickt, wie er tickt. Damit einher geht auch das Verständnis darüber, warum wir selbst ticken, wie wir ticken.

11.2 Konstruktivismus

Der Konstruktivismus geht davon aus, dass wir unsere Realität permanent selbst konstruieren. Begriffe wie „richtig oder falsch", „rechts oder links", „viel oder wenig" sind einfach nur Konstrukte. Dies ganz im Gegensatz zu naturwissenschaftlichen Gesetzmäßigkeiten – z. B. wie die Wirkung der Schwerkraft auf die Erde – wird die Bedeutung von Konstrukten durch die Menschen selbst gegeben.

Eng damit verbunden sind auch die so genannten „Glaubenssätze" wie *„sonntags darf man keine Wäsche raus hängen"* und *„das geht doch nicht"*.

Zu jedem Zeitpunkt schaffen wir Menschen uns unsere Realität, in der wir den Dingen eine Bedeutung geben – unsere Bedeutung.

Ich erkläre das sehr gerne am Beispiel einer Brennnessel
- Aus Sicht der Brennnessel ist sie die wichtigste und schönste Pflanze auf Erden. Sie findet sich wunderschön, nützlich und beansprucht ihren Platz in dieser Welt.
- Aus Sicht des Kleingärtners ist sie Unkraut, das man ausreißen und auf den Kompost schmeißen muss. Im besten Fall sorgt sie langfristig durch ihre Kompostierung dafür, als Dünger für den Garten her zu halten.
- Menschen, die dem zunehmenden Trend nach natürlichen Lebensmitteln folgen, sehen in der Brennnessel womöglich ein leckeres und gesundes Gemüse.

Sie sehen – das ist alles eine Frage der Bedeutung, die jemand einer Sache gibt. So entsteht Wirklichkeit.

Wenn wir nun glauben, dass unsere Wirklichkeit die einzig wahre ist (z. B. „Brennnesseln sind Unkraut – basta"), so sind wir auf dem besten Weg einen Beitrag dazu zu leisten, uns mit anderen Menschen nicht zu verstehen. Sogar Kriege entstehen aus der Frage, wessen Wirklichkeit nun die richtige ist.

Schon in Gullivers Reisen wird beschrieben, wie sich zwei Völker um die Frage streiten, ob ein Hühnerei nun auf der stumpfen oder auf der spitzen Seite aufzuschlagen sei.

In der modernen, leider nicht so märchenhaften Welt, töten sich Menschen wegen der Frage, welcher Gott nun der Wahre sei und welche Gesetzmäßigkeit für alle Menschen zu gelten habe.

All das sind Konstrukte von Menschen – niemals unumstößliche Wahrheiten, die universell und überall gelten. Wenn Sie also das nächste Mal denken: *„So kann der Kunde doch nicht mit mir reden..."* oder *„Nun muss er es aber mal verstanden haben..."* oder *„Das ist doch sonnenklar..."*, dann ist das ebenso ein

Konstrukt, wie die Tatsache, dass Ihr Kunde der Meinung ist, dass er „so mit Ihnen reden kann". Ihre und seine Konstrukte treffen aufeinander.

Konstruktivismus im Verkauf
Irgendwann werden Sie in einem Verkaufsgespräch vielleicht mal denken: *„Na das kann der doch nicht sagen/verlangen/wollen..."* oder etwa ähnlich dogmatisches.

Nach der Lehre des Konstruktivismus ist das aber nur ihre eigene Realität, die nicht im entferntesten etwas mit der Realität zu tun haben muss, die Ihr Kunde sich konstruiert hat. Nun stehen Sie vielleicht vor der Wahl, das Konstrukt Ihres Kunden einfach zu akzeptieren und das Verkaufsgespräch methodisch sauber dennoch in Richtung Abschluss zu leiten oder den Kunden erst einmal zu erziehen und ihn in die Richtung zu lenken, dass er Ihr persönliches Konstrukt als das einzig wahre erkennt.

Fantasie? Schwachsinn? Das macht doch keiner? Wenn Sie das bisher dachten, dann empfehle ich Ihnen, sich gelegentlich mal unauffällig neben Verkaufsprechende zu stellen und ihnen dabei zuzuhören, wie sie die Welt des Kunden „gerade rücken" wollen.

Wenn Sie ein erfolgreicher Verkäufer werden wollen, akzeptieren Sie einfach, dass Ihre Weltsicht und die Weltsicht Ihres Kunden nur Konstrukte sind, die keine universelle Gültigkeit besitzen.

Akzeptieren Sie bitte auch, dass es nicht Ihr Job als Verkäufer ist, den Kunden zu erziehen und mit ihm über sein Weltbild zu diskutieren.

Wenn Sie sich dennoch dazu berufen fühlen, Menschen zu erziehen und deren Weltbilder gerade zu rücken, dann machen Sie das besser entweder in Ihrer Freizeit oder wechseln Sie den Beruf: Werden Sie Philosoph, Pfarrer, Prediger oder Lehrer.

11.3 Eisbergmodell der Kommunikation

Ich stelle Ihnen nun das Eisbergmodell vor, das eine der wohl bekanntesten Weisheiten zum Thema Kommunikation enthält (Abb. 11.1). Dennoch erlebe ich immer wieder, dass Menschen sie nicht kennen, oder sie nicht ausreichend in der Kommunikation beachten.

Auch wenn es sich um ein scheinbar banales Basic handelt, finde ich, man kann das Modell gar nicht oft genug erwähnen.

11.3 Eisbergmodell der Kommunikation

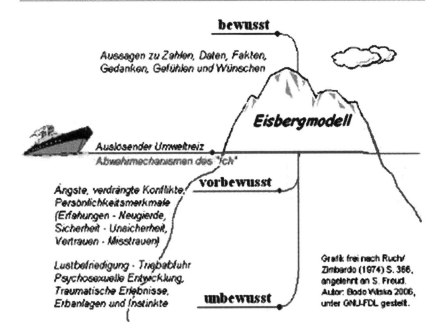

Abb. 11.1 Das Eisbergmodell der Kommunikation, Grafik Von Bodo Wiska, Berlin. (Eigene Schöpfung, frei nach Ruch und Zimbardo (1974, S. 366). Erstellt mit Mindmanager 3.0, CC BY-SA 3.0, https://commons.wikimedia.org/w/index.php?curid=1893393, lezter Aufruf 02.04.2019)

Das Eisbergmodell der Kommunikation besagt, dass in der Kommunikation das Wesentliche, das die Kommunikation steuert, unsichtbar bleibt oder aus dem Unsichtbaren (Unhörbaren) kommt. Bei einem Eisberg liegen ca. 2/3 bis 3/5 unterhalb der sichtbaren Wasseroberfläche. Wir sehen vom Eisberg nur die Spitze des Eisberges. Die Worte in der Kommunikation sind ebenfalls nur die Spitze des Eisbergs: Das Wesentliche liegt unterhalb der sichtbaren Wasseroberfläche.

Kommunikation wird von einer Vielzahl von Faktoren beeinflusst: Stimme, Wort, Aussehen, Auftreten, Ton, Modalität, der Beziehung der Akteure zueinander usw.

Diese teilweise hör- und sichtbaren Faktoren wiederum werden von vielen nicht offensichtlichen (offenhörlichen) Faktoren beeinflusst, nämlich: Erziehung, Annahmen, Gefühlen, Werten, Religionen, Kulturen – dem „Konstrukt" der Realität des Menschen gegenüber.

Es gibt viele Untersuchungen und Theorien darüber, wie hoch der Anteil der Bedeutung der Worte alleine am Verlauf einer Kommunikation ist. Ich halte mich für dieses Buch an die Zahl, die in der Welt der NLP (Neuro-Linguistischen-Programmierung) als anerkannt gilt: Demnach trägt das gesprochene Wort lediglich 7 % zur Kommunikation bei. Wenn Sie – wie ich – diese Zahl glauben, dann dürfte es Ihnen umso klarer sein, wie wichtig es ist, sich als professioneller Kommunikator (und das sollten Sie als Verkäufer in eigener Sache sein), mit der Psychologie des Menschen zu beschäftigen. Sie ist das, was unterhalb der Wasseroberfläche liegt und erheblich zum Verhalten der Gesprächspartner beiträgt.

Verkaufen ist ein Handwerk, das die Kommunikation nutzt. Wer also glaubt, dass der Verkauf überwiegend über Worte geschieht, der wird den Verkaufserfolg langfristig vergebens suchen. Das ist wohl auch ein Grund, warum Pauschalrezepte fürs Telefon, wie sie gerne von Kaltaquisiteuren aus den Bereichen Stromverkauf, Reisen oder Abos verwendet werden, nicht nachhaltig funktionieren.

Mindestens ebenso wichtig es ist daher, sich damit zu beschäftigen, was unterhalb des Sichtbaren, also unter der Wasserlinie des Eisbergs „Mensch" geschieht.

Bedeutung des Eisbergmodells für den Verkauf
Das gesprochene (geschriebene) Wort trägt nur zu einem geringen Teil zur Kommunikation bei. Der wesentlich größere Teil der Kommunikation wird von weniger offensichtlichen Faktoren gesteuert wie Gefühle, Haltung, Annahmen usw. Diese liegen unterhalb der Wasseroberfläche und machen ca. 2/3 bis 3/5 der gesamten Haltung eines Menschen aus.

Wer ein guter Verkäufer sein will, muss einen Blick unter die Wasseroberfläche seines Kunden wagen und entsprechend agieren. Nachdem ich Ihnen nun einige Basics zum besseren Verständnis des Menschen beschrieben habe, gehen wir ein wenig tiefer in die Psyche des Menschen, Ihres Kunden und Ihnen selbst.

Im Folgenden stelle ich Ihnen einige Denkmodelle, Annahmen und Tatsachen vor, die dabei helfen, den Menschen in seinem Denken und Handeln zu verstehen und auch ein Stück vorhersagbar zu machen.

Es ist nicht so, dass der eine oder andere hier vorgestellte Fakt DER EINE Schlüssel zum Kunden ist. Vielmehr ist es so, dass das Verständnis über das Zusammenspiel all dieser Faktoren der Schlüssel zum Kunden ist.

Viele Puzzleteile setzen das richtige Bild, das Sie von Ihrem Kunden brauchen, zusammen. Auch wenn es am Anfang noch ein wenig anstrengend wirkt: Mit der Zeit und mit Übung geht Ihnen des Wissen irgendwann in Fleisch und Blut über.

Bitte beachten Sie Folgendes:
Jeder Mensch tickt anders. Daher ist die Vorhersagbarkeit des Verhaltens von Menschen mit allen Modellen, die ich Ihnen hier vorstelle unterschiedlich. Das einzige, das Sie tun können, um damit erfolgreich umzugehen ist:

- Die Modelle zu kennen
- Die Modelle anzuwenden
- Mit Überraschungen umgehen zu lernen

Menschen sind nicht nach einem reproduzierbaren Kochrezept gebaut, welches – bei strenger Beachtung – immer wieder den gleichen Menschen auswirft, sondern eher nach einer Zutatenliste, aus denen man mal diesen und mal jenen Menschen herstellen kann.

Dennoch werden Sie überwiegende Faktoren mit der Zeit erkennen können, dadurch besser bei Ihrem Kunden einsteigen können und mehr Umsatz erzielen.

Mit der Zeit werden Sie als Verkäufer auch immer weniger überrascht von Ihrem Gegenüber sein, weil Sie mehr und mehr Erfahrungen mit unterschiedlichen Menschentypen machen werden. Erfahrung wird zur Intuition.

11.4 Spiegelneuronen

„Ein **Spiegelneuron** (Plural: Spiegelneurone oder Spiegelneuronen) ist eine Nervenzelle, die im Gehirn von Primaten beim Betrachten eines Vorgangs das gleiche Aktivitätsmuster zeigt wie bei dessen eigener Ausführung. Auch Geräusche, die durch früheres Lernen mit einer bestimmten Handlung verknüpft werden, verursachen bei einem Spiegelneuron dasselbe Aktivitätsmuster wie eine entsprechende tatsächliche Handlung. Seit ihrer erstmaligen Beschreibung im Jahr 1992 wird diskutiert, ob Spiegelneuronen an Verhaltensmustern von Imitation oder möglicherweise sogar Mitgefühl (Empathie) bei Primaten beteiligt sind" (Wikipedia 2019).

Kurz gesagt: Menschen orientieren sich am Verhalten anderer Menschen und versuchen, es zu kopieren oder sich anzupassen. Diese Erkenntnis kann man sich im Verkauf zunutze machen.

Verkauf findet in der Regel in guten Beziehungen zwischen Menschen statt. Alles andere sind Zufallsergebnisse.

Viele Fachleute gehen davon aus, dass Kaufentscheidungen zu mindestens 70 % aus dem Bauch (Gefühl) heraus getroffen werden. Dieses Gefühl wird zu einem großen Teil aus der Beziehung zwischen Verkäufer und Käufer bestimmt.

Sie, als professioneller Kommunikator im Beruf des Verkäufers, haben also die Aufgabe, bei sich einen „guten Zustand" zu erzeugen, den Ihr Kunde (der „Primat" gegenüber) kopiert und der dem Verkaufsabschluss dienlich ist.

Keinesfalls dürfen Sie – wenn Sie mehr verkaufen wollen – selbst einen Zustand verkörpern, der „schlechte Stimmung" enthält, und den Ihr Gegenüber dann kopiert (wegen der Spiegelneuronen). Denn das würde dazu führen, dass die Chance auf den Verkaufsabschluss behindert oder verwehrt ist.

Spätestens hier, wo wir die Tatsache akzeptieren, dass es Spiegelneuronen gibt und dass diese uns steuern, sollte klar werden, dass Sie als Verkäufer und Kommunikationshandwerker die Verantwortung für den Verlauf des Verkaufsgesprächs übernehmen müssen, denn Sie wollen ja einen Abschluss machen. Ihr Kunde kann auch woanders hin gehen und dort seine Leistung einkaufen.

Es geht nicht darum, Ihren Kunden zu erziehen oder ihm Ihr Weltbild aufzudrängen, sondern es geht darum, Ihren Auftrag, etwas zu verkaufen, professionell zu erfüllen.

Als Beispiel führe ich hier einen Handwerker, einen Maurer, an: Nehmen wir mal an, Sie sind selbstständiger Maurer und Sie lieben kleine, alte Bruchsteinhäuser aus dem 17. Jahrhundert. Sie haben selbst so ein kleines schnuckeliges Häuschen und pflegen und hegen es mit großer handwerklicher Sorgfalt.

Nun kommt ein Auftraggeber auf Sie zu und bittet Sie, ihm eine Backsteinmauer zu mauern – mit modernen Ornamenten darin. Nun können Sie natürlich den Weg gehen, Ihren Kunden davon zu überzeugen, dass eine Bruchsteinmauer, trocken aufgesetzt, viel schöner ist.

Oder Sie sehen sich als Handwerker, der sich auf das professionelle Setzen und vermauern aller Steinarten versteht und sagen: *„Ja gerne, das mache ich Ihnen – handwerklich einwandfrei...."* und legen los.

Wenn Sie selbst jedoch tiefe Verachtung für den Auftrag zu einer Backsteinmauer verspüren, wird Ihr Kunde das merken und sich bei Ihnen unwohl fühlen. Im besten Fall erhalten Sie zwar den Auftrag, Ihr Kunde wird aber immer „auf der Hut" sein.

Im schlimmsten Fall gibt der Kunde (der nicht mehr Ihrer ist) den Auftrag an einen Maurer ab, bei dem er sich wohler fühlt. Vielleicht an jemanden, der Backsteinmauern schätzt.

Das ist die Macht der Spiegelneuronen.

Bedeutung der Spiegelneuronen im Verkauf
Gesprächspartner sind bestrebt, das Verhalten des Gegenübers zu kopieren – zumindest in Teilen.

Menschen fühlen sich wohl bei Menschen, die ihnen ähnlich sind oder die ihnen signalisieren, dass sie willkommen sind.

Als professioneller Kommunikator wollen Sie Gespräche steuern. Sorgen Sie dafür, dass Sie Ihrem Gegenüber eine positive Vorlage zum Kopieren bieten, die das Verkaufsgespräch in Richtung Abschluss steuert. Managen Sie Ihren Zustand auf „positiv", bevor Sie mit Ihren Kunden kommunizieren.

Deshalb erhalten Sie im nächsten Kapitel wirksame Hilfen, um Ihre Emotionen zu steuern.

Literatur

Wikipedia. 2019. Stichwort Spiegelneuron. https://de.wikipedia.org/wiki/Spiegelneuron. Zugegriffen: 8. März 2019.

Den eigenen Zustand im Verkauf managen

12

„Erkenne Dich selbst" (Inschrift über dem Eingang zum Apollotempel von Delphi).

Nur wer sich selbst steuern kann, kann andere steuern. Ein wesentlicher Erfolgsfaktor für die Selbststeuerung ist die Beschäftigung mit sich selbst, kurz: „Selbstreflexion" genannt.

Verkaufen ist leider ein bisschen gegen die Natur des Menschen.

Wir alle wollen geliebt werden und Anerkennung ernten. Im Verkauf klappt das aber nicht immer so gut. Während z. B. eine Sachbearbeiterin im Innendienst ihren Erfolg an der Anzahl der erledigten Fälle messen kann, die in der Regel mehr sind, als die unerledigten, hangelt sich ein Verkäufer – besonders in der Kaltakquise – oft durch viele fruchtlose Gespräche, bis dann doch einmal eines eine Ernte abwirft.

Der Verkäufer erntet in diesem Fall weder Liebe noch Anerkennung für die fruchtlosen Gespräche. Die Tagesbilanz eines Akquisiteurs sieht mitunter ernüchternd aus. Sie ist in der Regel eher von Nichtverkäufen als von Verkäufen gekrönt. Da baut sich schnell mal Frust auf.

Wenn Sie aber Frust haben, können Sie im Verkauf nicht gewinnen. Also müssen Sie selbst Ihre Emotionen steuern können, um ein erfolgreicher Verkäufer zu sein.

Wenn es Ihnen gelingt, die Emotionen Ihrer Gesprächspartner mit zu steuern, sind Sie sogar auf dem Weg, ein Top-Verkäufer zu sein. Die Emotionssteuerung übernehmen Sie sowieso nebenbei, wenn Sie Ihre Emotionen im Griff haben – siehe Abschn. 11.4 zu Spiegelneuronen.

Bei allem, was ich nun zum Thema Emotionsmanagement schreibe, gehe ich davon aus, dass ich Ratschläge für psychisch gesunde Menschen gebe. Es gibt viele psychische Krankheiten, bei denen die Unfähigkeit Emotionen zu managen, ein wesentlicher Bestandteil der Krankheit sind. Darum geht es hier nicht. Wenn

© Springer Fachmedien Wiesbaden GmbH, ein Teil von Springer Nature 2019
R. Flachenäcker, *Mehr Kunden für Kleinunternehmen und Solopreneure*,
https://doi.org/10.1007/978-3-658-25909-9_12

ich von Emotionsmanagement spreche, dann meine ich die Fähigkeit, psychisch gesunder Menschen zur Selbstreflexion, Selbstbeobachtung und Selbststeuerung.

Aufgrund meiner Ausführungen zum Thema Spiegelneuronen sollte Ihnen nun klar sein, wie wichtig es für den Verlauf des Kundengesprächs ist, dass Sie selbst gut drauf sind.

Fangen wir also mal mit ein paar Kniffen an, die dazu geeignet sind, Ihre eigene Stimmung in einen guten Zustand zu bringen.

Bevor ich Ihnen nun einen wirkungsvollen Tipp nach dem anderen gebe, erhalten Sie noch eine wichtige Information:
Körperhaltung und emotionale Zustände bedingen sich wechselseitig. Sie sind interdependent. Es gibt keinen Anfang und kein Ende.

Die Körperhaltung beeinflusst die Emotion und die Emotion beeinflusst die Körperhaltung. Das Schöne daran ist: Es ist völlig egal, womit Sie beginnen. Eine Veränderung in dem einen Bereich zieht immer eine Veränderung im anderen Bereich mit sich.

Wenn in Einzelcoachings Menschen zu mir kommen, einen geknickten Eindruck machen, die Schultern hängen lassen und sich schlecht fühlen, dann frage ich:

„Soll es so bleiben?" Und die Kunden antworten dann: *„Nein, natürlich nicht!"*.

Ich fordere sie dann auf, sich mal aufzurichten und die Mundwinkel zu einem Lächeln zu verziehen und in dieser Haltung einige Minuten zu verweilen.

Die Stimmung meiner Klienten verbessert sich dadurch in den meisten Fällen. Sie ändert sich natürlich nicht schlagartig. Die Stimmung steigt nicht um 8 Punkte auf einer Skala von 1 bis 10. Aber sie steigt vielleicht um 2 oder 3 Punkte und das ist doch schon mal eine ganz gute Basis, oder? Vor allem, wenn man sich klar macht, dass es dazu nicht mehr gebraucht hat, als ein Lächeln und ein Aufrichten. Das gibt es umsonst, jederzeit und überall. Dazu braucht es keinen Coach, keinen Therapeuten und keinen Trainer. Das können Sie jederzeit selbst machen.

Meine Botschaft an Sie ist diese: Wenn Sie in einer ungünstigen Stimmung sind, dann gestehen Sie sich diese auch ein und versuchen Sie, diese zu verändern.

Das nennt man auch positive Psychologie: Die positive Psychologie konstatiert einen Zustand und bietet Lösungen zur Verbesserung an.

12.1 Zustandsmanagement – Du bist, was Du denkst

Achte auf Deine Gedanken, denn sie werden Worte.
Achte auf Deine Worte, denn sie werden Handlungen.
Achte auf Deine Handlungen, denn sie werden Gewohnheiten.
Achte auf Deine Gewohnheiten, denn sie werden Dein Charakter.
Achte auf Deinen Charakter, denn er wird Dein Schicksal.
(Aus dem Talmud)

Sie sind stets mental dort, wo Ihre Gedanken sind. Sorgen Sie also dafür, dass Ihre Gedanken dort sind, wo Sie sein wollen. Wenn Sie dafür sorgen, dass Ihre Gedanken stets dort sind, wo Sie hin wollen, dann sind Sie auf dem richtigen Weg.

Stellen Sie sich mal vor, Sie sind vor 300 Jahren durch Europa gelaufen und hatten auf den Marktplätzen von Ihrer Vision berichtet, dass das Licht eines Tages aus einem Wolframfaden in einem Glaskolben kommt, und von einer Quelle namens „Elektrizität" gespeist wird.

Stellen Sie sich weiter vor, dass Sie dabei noch davon erzählt hatten, dass selbstfahrende Kutschen ohne Pferde über die Straßen führen und überall im Himmel Flugkörper mit bis zu 400 Menschen an Bord säßen.

Reicht Ihre Fantasie aus, um zu erahnen, was Sie alles hätten unternehmen müssen, um dem Scheiterhaufen oder Schlimmerem zu entkommen?

Irgendwann einmal kam aber jemand und dachte:

„*Mhh, wenn die Vögel fliegen können, können Menschen das vielleicht auch...*" und hat seine Gedankenenergie auf die Frage gerichtet, wie das womöglich zu realisieren sei.

Menschen, die die Welt aus den Angeln heben sorgen dafür, dass Ihre Gedanken dort sind, wo sie selbst sein wollen. So entstehen Innovationen und Erfindungen.

Ihre Energie entfaltet sich dort, worauf Sie ihre Aufmerksamkeit legen. Richten Sie Ihre Aufmerksamkeit auf die Annahme: „Das geht nicht!" oder auf die Frage „Wie geht es?" Ist Ihr Gedanke Teil der Lösung oder Teil des Problems?

In meinen Verkaufstrainings breche ich gerne mal Denkgrenzen und mentale Einschränkungen auf. Ich helfe Menschen gerne dabei, Dinge infrage zu stellen und Neues zu probieren, Dinge neu zu betrachten.

Von 15 Teilnehmern sind vielleicht fünf dabei, die denken „Das geht doch nicht!", fünf denken „Na ja, kann sein, aber warum soll ich mir die Arbeit machen, etwas zu ändern?" und fünf sind unter den Teilnehmern, die erkennen: „Was der alte Mann da vorne erzählt hört sich nachvollziehbar an. Das probiere ich mal aus."

Was glauben Sie, wer von denen langfristig erfolgreicher ist? Bei der Gelegenheit: Was glauben Sie, wer von denen langfristig von seinem Job – und vom Leben insgesamt – immer wieder enttäuscht werden wird?

Also: Ob Sie es glauben, dass etwas funktioniert oder nicht – Sie werden in jedem Fall Recht behalten. Um das zu verdeutlichen lade ich Sie ein, die folgende Übung durchzuführen:

12.2 Mentale Übung: Körperdrehung

So geht es:

- Stellen Sie sich aufrecht hin und strecken Sie den linken Arm nach vorne vom Körper weg. Drehen Sie sich links herum, soweit wie Sie mit Ihrem ausgestreckten Arm kommen.
- Drehen Sie Ihren Kopf nicht weiter als den Arm. Bewegen Sie Arm, Kopf und Oberkörper in der gleichen horizontalen Linie soweit Sie auf Anhieb kommen.
- Merken Sie sich den Punkt (z. B. an der Wand) auf den Ihr Zeigefinger zeigt.
- Nun gehen Sie zurück in die Ausgangsstellung. Dann schließen Sie die Augen.
- Stellen Sie sich nun vor, dass Sie butterweich in Ihrer Wirbelsäule sind und, dass Sie sich einmal um die eigene Achse drehen können – wie eine Eule ihren Kopf dreht. Stellen Sie sich vor, Sie sind weich wie Lakritze, beweglich wie ein Gummibärchen und Sie können sich doppelt so weit drehen, wie zuvor, ach was, dreimal, viermal so weit.
- Nun heben Sie den Arm wieder und drehen Sie Ihren Körper wie zuvor soweit Sie können und öffnen die Augen, wenn Sie nicht mehr weiter kommen.
- Vergleichen Sie, wie viel weiter Sie gekommen sind, als beim ersten Mal.

In der Regel kommen meine Teilnehmer 20 % bis 50 % weiter in ihrer Körperdrehung als beim ersten Mal. Sie sind dann dort, wo ihre Gedanken sind.

Sollten Sie tatsächlich nicht weiter gekommen sein, als beim ersten Versuch, freue ich mich, wenn Sie mich anrufen und mir erzählen, wie Sie das geschafft haben.

12.2.1 Zustandsmanagement mit Bleistift

„Der Gesichtsausdruck beeinflusst direkt die wahrgenommene Emotion", sagt Fritz Strack, Sozialpsychologe an der Universität Würzburg. Das konnten er und seine Mitarbeiter mit einer Studie belegen (Strack et al. 1988):
Sie baten Versuchspersonen, sich Cartoons anzuschauen und deren Witzigkeit zu beurteilen. Dabei sollten die Teilnehmer einen Stift entweder quer oder längs im Mund halten. In der „Lippenhaltung", bei der sie den Stift mit einem Schmollmund umschließen, fanden die Probanden die Comics nicht so witzig, als wenn sie die Mundhaltung einnahmen, bei der sie die Mundwinkel auseinander ziehen mussten.

„Sie lächelten also gewissermaßen durch den Bleistift und haben deshalb die Cartoons positiver bewertet", sagt Strack: „Das funktioniert, ohne dass das Lächeln als solches erkannt wird" (Strack et al. 1988).

Noch stärker ist der Gute-Laune-Effekt, wenn nicht nur die Muskulatur der Wangen, sondern auch die um die Augen herum beteiligt ist.

Ein solches so genanntes „Duchenne-Lächeln" (echtes Lächeln) lässt Witze gemeinhin noch witziger erscheinen als die „Zahnhaltung" im Stift-Experiment.

Anders herum funktioniert es genauso: Wer die Stirn runzelt, der findet Lustiges oft weniger amüsant.

Woran das liegt, erklärt Andreas Hennenlotter, Neuropsychologe am Münchener Klinikum rechts der Isar so, dass es im Gehirn starke Verbindungen gibt zwischen Bereichen, die Empfindungen aus der Gesichtsmuskulatur abbilden, und Bereichen, die für Gefühle zuständig sind (Hennenlotter et al. 2008).

Deshalb kann die gefühlte Mimik die entsprechende Emotion auslösen. Ähnliches geschieht sogar, wenn man nur anderen beim Lächeln zusieht (Spiegelneuronen!). Man bekommt sozusagen ein Gefühl dafür, wie sich der Gesichtsausdruck anfühlen würde.

12.2.2 Zustand managen durch Reframing

Die Methode des Reframings stammt aus der NLP, der Neuro-Linguistischen-Programmierung. Über diese erfahren Sie im weiteren Verlauf des Buches noch mehr.

Beim Reframen geht es darum, einer Sache, einem Zustand oder einem Ereignis einen neuen Bezugsrahmen zu geben.

Ich demonstriere das mal an einer beispielhaften Aussage:

▶ *„Dicke Kinder sind schwerer zu kidnappen."*

An dieser Aussage wird deutlich, dass man das Phänomen dicker Kinder aus verschiedenen Blickwinkeln betrachten kann.

Der übliche Blickwinkel ist der, dass es natürlich ungünstig ist, wenn Kinder zu dick sind. Zweifelsohne ist es ungesund und lebensbehindernd, wenn Kinder zu dick sind.

Im Zusammenhang mit einem Kidnapping jedoch kann es sich als Vorteil erweisen, ein paar Kilo mehr auf den Rippen zu haben. Womöglich brechen die Kidnapper ihr Vorhaben ab, weil es einfach zu aufwendig wäre, das dicke Kind in ein Auto zu zwängen.

So, nun genug der scherzhaften Vergleiche. Die Technik des Reframings kann im Verkauf absolut hilfreich sein, z. B. um seine Stimmung aufzuhellen.

Ich demonstriere das mal anhand von zwei Beispielen:

Übliche Sicht auf die Dinge	Reframte Sicht auf die Dinge
Mist, schon der 3. Kunde, der nichts kauft	Cool. Ich weiß, dass jeder 10. Kunde kauft Nach dem 3. Nichtkäufer trennen mich jetzt nur noch 6 Anrufe vom nächsten Abschluss
Mist, schon wieder ein neues Produkt, in das ich mich einarbeiten muss	Cool, mit den neuen Produkten kann ich mir ganz neue Kunden erschließen und mehr Umsatz machen. Karibik, ich komme…

Beim Reframing geht es nicht darum, sich die Welt rosarot zu färben, obwohl sie braun ist, sondern es geht darum zu erkennen, ob sich – durch den anderen Blickwinkel auf einen Sachverhalt – neue Chancen ergeben.

So wird sehr häufig aus einer vermeintlich blöden Situation eine gute, chancenreiche Situation.

Dies wird auch aus der Geschichte der zwei Schuhverkäufer deutlich, die nach Afrika entsandt wurden, um dort den Schuhverkauf anzukurbeln.

12.3 Die Geschichte der zwei Schuhverkäufer in Afrika

Hans und Franz wurden von ihrem Unternehmen nach Afrika entsandt, um dort den Verkauf von Schuhen anzukurbeln. Hans verließ den Flughafen in Richtung Westen, Franz ging nach Osten.

12.3 Die Geschichte der zwei Schuhverkäufer in Afrika

Nachdem sie beide jeweils zwei Tage die Lage in dem Land sondiert hatten, sandten Sie eine E-Mail an ihren Verkaufsleiter zuhause.

Hans schrieb:

> Sehr geehrter Herr Meier,
>
> leider muss ich Ihnen mitteilen, dass die meisten Menschen hier keine Schuhe tragen. Ich sehe keine Verkaufschance für unsere Schuhe und werde noch heute nach Hause zurück fliegen.

Franz schrieb seinem Chef:

> Hallo Herr Meier,
>
> das ist der Hammer hier in Afrika. Es ist kaum zu glauben, aber die meisten Menschen tragen hier keine Schuhe. Bitte machen Sie schon mal einen Seecontainer mit Schuhen fertig. Bis der hier ankommt, habe ich sie alle verkauft. Dieses Land ist das gelobte Land für Schuhverkäufer.

Beide hatten die gleiche Situation vor sich „Niemand trägt hier Schuhe...."; gaben der Situation aber unterschiedliche Rahmen, andere Bedeutungen.

Die Bedeutung, die der jeweilige Verkäufer der Rahmenbedingung gibt, steuert natürlich seine Stimmung und sein Verhalten.

Der eine fliegt geradezu, weil er die gigantischen Chancen sieht, die sich aus dem Rahmen ergeben, der andere lässt die Flügel hängen, weil er keine Chancen unter den gegebenen Rahmenbedingungen sieht.

12.3.1 Bedeutung des Reframings für den Verkauf

Wann immer Sie eine Bewertung einer Situation vornehmen, fragen Sie sich selbst, ob es auch eine andere Bedeutung der Situation geben könnte, die günstiger für Sie und Ihren Job des Verkaufens ist. Wenn Sie plötzlich Chancen sehen, wo andere nur Risiken sehen können, wirkt sich das mit Sicherheit beflügelnd auf Ihre Stimmung aus und erhöht Ihren Verkaufserfolg gigantisch.

Üben Sie sich im Reframing, wann immer es geht – nicht nur im Verkauf. Das wird Ihre Sicht auf die Welt erweitern.

12.3.2 Übung: 14 Tage lang nur Gutes sehen

Diese Technik wird Ihren Gemütszustand turboartig verbessern. Bevor Sie diese Technik anwenden, empfehle ich Ihnen alles, was Sie bisher in schlechter Stimmung erledigen wollten, jetzt gleich zu machen. Nachher werden Sie keine Gelegenheit mehr dazu haben.

Wir Menschen sehen stets das, worauf wir unsere Aufmerksamkeit richten, unsere Energie lenken. Wenn Sie sich einen blauen Sportwagen gekauft haben, sehen Sie plötzlich überall diesen blauen Sportwagen herumfahren. Das Phänomen nennt sich „selektive Wahrnehmung".

Das, was bei dem blauen Sportwagen „einfach so passiert" können Sie sich zur nachhaltigen Verbesserung Ihrer Stimmung zu Nutze machen. Sie üben einfach konsequent, Ihre Aufmerksamkeit auf die Dinge zu richten, die funktionieren. Das bedeutet ja nicht, dass die anderen Dinge nicht mehr da sind. Das bedeutet nur, dass Ihre Aufmerksamkeit auf etwas anderem liegt.

Ich möchte das an einer Geschichte demonstrieren.

Die Geschichte von Franka und Marianne am Teich
Franka und Marianne fanden diesen idyllischen Teich im Wald. Es war Sommer und sie sehnten sich nach einer Abkühlung. Also zogen sie sich aus und sprangen freudig ins kühle Nass. Sie schwammen und plantschten ausgelassen und verließen nach einer Viertelstunde das Wasser um sich am Ufer die Sonne auf die Bäuche scheinen zu lassen.

- **Franka sagte:** „Echt schade, dass in diesem Teich so viel Unrat rumschwimmt. Ich bin an mindestens drei leeren Joghurtbechern und an zwei Waschmittelflaschen vorbei geschwommen."
- **Marianne entgegnete:** „Mhh – das habe ich gar nicht bemerkt. Ich war so fasziniert von den schönen Seerosen und den lustigen Libellen und den schönen bunten Fischen…Da war wohl kein Platz mehr in meinem Kopf für den anderen Kram."

Wie oft im Leben sind Sie Franka, wie oft sind Sie Marianne? Wenn Sie sich aufmachen, 14 Tage lang all die Dinge in Ihrer Umgebung zu beachten, die funktionieren, die gut sind, so verspreche ich Ihnen, dass das nachhaltig Ihre Stimmung aufhellt.

Am besten ist, sie schreiben sich abends auf, was Sie alles Gutes gesehen und gehört haben und was Ihnen Tolles passiert ist.

Nach 14 Tagen – und vermutlich schon früher – haben Sie sich so daran gewöhnt, Ihren Blick auf die guten Dinge zu lenken, dass Sie das Gejammer Ihrer Mitmenschen nur noch schwer verstehen werden.

12.3.3 Missbrauch der Technik „Gutes sehen"

Wie schon zuvor erwähnt geht es nicht darum, schlechte Dinge schön zu reden, sondern in den Dingen die Chancen zu erkennen.

Treffen sich zwei Freundinnen.
Sagt die eine: „Scheiße, scheiße…"
Sagt die andere: „Sieh die Sache doch mal positiv!"
Sagt die erste: „Schöne Scheiße…"

Das ist ein typisches Beispiel eines Missbrauchs der Technik, „das Gute zu sehen". Hier wurde nur das Wort verändert, nicht der Blick auf Chance oder Risiko. So kommen Sie kein Stück weiter.

12.3.4 Bedeutung für den Verkauf

Mittlerweile sollten Sie wissen: Wenn Sie in einer guten Stimmung sind, überträgt sich das auf Ihre Gesprächspartner und dadurch kann auch Ihr Umsatz steigen.

Wenn Sie anfangen, sich an dem zu erfreuen, was Sie erreicht haben, dann werden Sie immer mehr Dinge erkennen, die Sie erreicht haben. Das wird Sie fröhlicher und sympathischer machen.

12.4 Zustandsmanagement durch Katastrophentechnik

Die Katastrophentechnik ist so einfach wie hoch wirkungsvoll. Sie hilft Ihnen dabei, unbestimmte Ängste zu minimieren und abzubauen. Eine unbestimmte Angst im Verkauf könnte z. B. die sein: *„Wenn ich den Kunden jetzt anrufe, ist er bestimmt genervt."*

Nehmen wir für den Moment mal an, das wäre so und Ihr Kunde wäre wirklich genervt. Stellen Sie sich bitte die Frage: „Was ist das allerschlimmste, das mir in dieser Situation passieren kann?"

- Wird Ihr Kunde Sie zerfleischen?
- Ist Ihr Leben in Gefahr?
- Sind Sie gesundheitlich durch ihn bedroht?

Ich vermute mal, das Schlimmste, das Ihnen widerfahren kann ist, dass Sie einen Freund weniger haben (den Sie bisher noch gar nicht hatten) und, dass es einen Menschen auf der Welt gibt, der gerade in diesem Moment von Ihnen genervt ist.

Denken Sie bitte stets daran: Wenn Plan A nicht funktioniert – das Alphabet hat 25 weitere Buchstaben für Sie auf Lager – zuzüglich der Umlaute sogar noch 28. Wenn Sie das chinesische Alphabet nehmen, haben Sie gleich ein paar tausend „Buchstaben" zur Verfügung.

Also, wenn bei Ihnen weder Leib und Leben noch Ihre Existenz bedroht sind, können Sie das Risiko doch eingehen, oder?

Denken Sie auch ruhig mal daran, was bestenfalls passieren kann:

- Vielleicht hat der Kunde gerade im Lotto gewonnen und Sie sind der erste Verkäufer, bei dem er sich austoben kann.
- Vielleicht ist Ihr Kunde heute Morgen mit dem Vorsatz aufgestanden, sich Ihr Produkt zu kaufen und hatte nur noch keine Zeit, Sie anzurufen.

Falls es partout nicht ideal geklappt hat, rate ich Ihnen, sich folgende Haltung anzugewöhnen: „*Wenn der Tag nicht Dein Freund ist, dann mache ihn zu Deinem Lehrer!*".

Überlegen Sie sich, was Sie aus einer offensichtlich unangenehmen Situation lernen können.

Bedeutung der Katastrophentechnik für den Verkauf
Mit der Katastrophentechnik schaffen Sie es, „gefühlte" Bedrohungen zu versachlichen und sich der tatsächlichen Bedrohung zu stellen.

Vielleicht merken Sie, dass für das, was Sie vorhaben, gar keine echte Bedrohung vorhanden ist und Sie können sich entscheiden, den Schritt zu gehen, vor dem Sie bisher Angst hatten.

12.5 Zustand managen durch Vorbereitetsein

Kennen Sie das? Sie sind mit irgendeinem Fachmann verabredet und Sie haben das Gefühl, er ist nicht auf Ihren Besuch vorbereitet?

Ich erlebe das im Verkauf, aber auch bei Behördengängen oder Verabredungen mit Handwerkern.

Da hat man vielleicht vorher sein Anliegen schriftlich formuliert oder sich beim Autohändler schon mal die Konfiguration des neuen Wagens im Internet zusammen geklickt und an den Händler vorm Termin übermittelt, und dann sitzt man da und das erste was gefragt wird ist: *„Welchen Motor hätten Sie denn gerne und soll es Schalt- oder Automatikgetriebe sein?"*

Ich behaupte, dass ein solches Unvorbereitetsein auf den Kunden auf jeden Fall Minuspunkte einbringt. Mal mehr, mal weniger. Da der erste Impuls die Stimmung für den nächsten Impuls vorgibt (das nennt man Priming), kann es also sein, dass – was immer der Verkäufer als nächstes tut – es ihm vom Kunden negativer angekreidet wird, als wenn er einen positiven Impuls gesetzt hätte, z. B. so:

„Hallo Herr Meier, ich habe mir Ihre Konfiguration schon angeschaut. Eine sehr schöne Wahl, die Sie da getroffen haben. Nehmen Sie gerne hier Platz...darf ich Ihnen einen Kaffee oder etwas anderes zu trinken anbieten?"

Unvorbereitetsein macht sich in vielen Punkten bemerkbar, z. B.

- *„Na wo habe ich denn einen Zettel und einen Stift?"* im Telefonverkauf. Oder
- Anruf bei einem Kunden, **bevor** das System hochgefahren ist.

Wenn Sie selbst unvorbereitet sind, bringt das den Kunden und Sie in Missstimmung (denken Sie an die Spiegelneuronen!).

Vorbereitung besteht auch darin, die in diesem Buch vorgestellten Techniken zu üben. Üben Sie sich bei jeder Gelegenheit darin, Menschentypen zu erkennen. Üben Sie sich darin, Gespräche durch Fragen zu führen – nicht nur im Verkauf. Bereiten Sie sich Argumentations- und Einwandhilfen für immer wiederkehrende Kundenfragen vor. Schreiben Sie sich diese mit der Hand auf – so verinnerlichen Sie sie besser.

Je besser Sie sich auf Ihre Verkaufsgespräche vorbereiten, desto entspannter sind Sie, sind Ihre Kunden und desto besser kann es laufen.

12.6 Zusammenfassung Zustandsmanagement für den Verkauf

Wenn Sie denken, dass das, was Sie vorhaben sowieso nicht klappt, dann wird das auch so sein. Glauben Sie, dass heute der beste Tag Ihres bisherigen Lebens wird, dann besteht eine Riesenchance, dass das genau so sein wird. Sie sind nämlich dort, wo Ihre Gedanken sind.

Wenn Sie es noch nicht schaffen, Ihre Gedanken dorthin zu bringen, wo sie sein sollen, damit Sie erreichen, was Sie erreichen wollen, dann lesen Sie bitte das Kapitel Zustandsmanagement noch einmal umso intensiver.

Wenn Sie Ihre Gedanken nicht beim erfolgreichen Verkaufen haben können, werden Sie im Verkauf nicht erfolgreich sein, denn:

▶ Ihre Gedanken bestimmen Ihre Taten und Ihre Taten bestimmen Ihre Gedanken.

Literatur

Hennenlotter, A., C. Dresel, F. Castrop, A.O. Ceballos Baumann, A.M. Wohlschlager, und B. Haslinger. 2009. The link between facial feedback and neural activity within central circuitries of emotion – New insights from botulinum toxin-induced denervation of frown muscles. *Cerebral Cortex* 19 (3): 537–542.

Strack, F., L.L. Martin, und S. Stepper. 1988. Inhibiting and facilitating conditions of the human smile: A nonobtrusive test of the facial feedback hypothesis. *Journal of Personality and Social Psychology* 54:768–777.

13 Menschentypen – Menschen einschätzen

In diesem Kapitel stelle ich Ihnen einige Typisierungsmodelle von Menschen vor, die auch für Ihre Zielgruppen und Kunden gelten. Anhand dieser Modelle kann es Ihnen leichter fallen, Ihre Kunden einzuschätzen.

Denken Sie bitte immer daran, dass es sich nicht um Bewertungen, sondern um Zuschreibungen und Beschreibungen handelt.

13.1 Reiss-Lehre: Motivation und Motive von Kunden erkennen

Viele Teilnehmer fragen mich in den Seminaren und Coachings, wie es ihnen als Verkäufer gelingen könnte, ihre Kunden zum Kaufen zu motivieren.

Viele sind überrascht, wenn ich antworte, dass es da meines Wissens keinen Weg dazu gibt und, dass dies auch gar nicht nötig ist, weil die Kunden bereits motiviert sind, etwas zu kaufen.

Die Kunst, die der Verkäufer beherrschen muss, besteht darin, die Welle der Motivation des Kunden zu erkennen und mit dem Kunden darauf zu reiten. Um das Thema Motive zu erklären, schlage ich Ihnen vor, sich mit der Liste des amerikanischen Psychologen Steven Reiss (Reiss 2009) zu beschäftigen. Die Lehre von Reiss basiert auf der Annahme, dass jeder Mensch in unterschiedlicher Ausprägung von 16 Lebensmotiven gelenkt wird.

Die Stärke und die Kombination der Ausprägungen sind bei jedem Menschen unterschiedlich. Dargestellt wird die Profilierung auf einer Skala von -2 bis $+2$ für jedes Lebensmotiv.

Trennen Sie sich bitte von der Vorstellung, dass es bei der Beschreibung um „gut" oder „schlecht" geht. Es geht einfach nur um „so ist es halt".

Die 16 Lebensmotive nach Steven Reiss sind:

1. Macht
2. Unabhängigkeit
3. Neugier
4. Anerkennung
5. Ordnung
6. Sammeln/Sparen
7. Ehre
8. Idealismus
9. Beziehungen
10. Familie
11. Status
12. Rache/Wettkampf
13. Eros (Schönheit)
14. Essen
15. Körperliche Aktivität
16. Emotionale Ruhe

Es würde den Rahmen dieses Buches sprengen, wenn ich die einzelnen Typen hier nun intensiv beschreiben würde und ich erlaube mir daher, auf die einschlägige Literatur zum dem Thema zu verweisen. Einige Motivationsmuster stelle ich hier aber exemplarisch vor. Ein sehr gutes Buch zu dem Thema stammt von Frauke Ion (siehe „Weiterführende Literatur").

13.1.1 Motiv Unabhängigkeit

Hohe Ausprägung
Menschen mit dem Motiv Unabhängigkeit streben nach Freiheit und Autonomie. Ist bei ihnen das Motiv „Unabhängigkeit" hoch ausgeprägt, verlassen sie sich nur ungern auf andere. Hilfe oder Geschenke nehmen sie im Vergleich zu anderen nicht so gerne an, damit sie nicht in emotionale Schuld zu geraten. Sie gestalten ihr Leben autonom. Ihr Bedürfnis nach persönlicher Freiheit ist stark ausgeprägt und die eigene Individualität wird kultiviert und steht im Vordergrund.

Niedrige Ausprägung
Zeitgenossen, bei denen das Unabhängigkeitsmotiv eher schwach ausgeprägt ist, agieren stark auf der Basis von Vertrauen und streben nach wechselseitigen Beziehungen mit anderen. Sie suchen gerne den Konsens.

„Auf sich selbst gestellt sein" wird als unangenehm empfunden, und oft liegt ein hoher Gemeinschaftssinn vor. Kunden mit einem niedrigen Unabhängigkeitsbedürfnis teilen auch private und persönliche Erfahrungen gerne mit anderen und sie werden durch Team- und Gruppenerlebnisse motiviert.

13.1.2 Motiv Anerkennung

Hohe Ausprägung
Menschen mit hohem Anerkennungsbedürfnis streben nach hoher Anerkennung. Sie haben häufig wenig Selbstvertrauen. Ihr Selbstbild fußt auf der Rückmeldung anderer.

Weil Menschen mit einer hohen Ausprägung der Anerkennung dazu neigen, Kritik persönlich zu nehmen, vermeiden sie Situationen, in denen sie schlecht bewertet werden könnten. Nicht selten streben sie nach Perfektion. In sozialen Situationen tendieren sie aufgrund ihrer Unsicherheit dazu sehr aufgeregt zu sein. Personen mit einem stark ausgeprägten Anerkennungsmotiv streben nach Anerkennung und fühlen sich gut, wenn andere sie bestätigen.

Niedrige Ausprägung
Menschen, bei denen das Motiv Anerkennung niedrig ausgeprägt ist, sind und wirken sehr selbstsicher. Oft sehen sie Ihre Fehler als Chance, es beim nächsten Mal besser zu machen.

Rückschläge verkraften sie in der Regel gut. Mit Kritik gehen sie in der Regel leicht um. Da sie sich trauen, „etwas falsch zu machen" und daraus zu lernen, sind sie meist risikofreudiger.

13.1.3 Motiv Sammeln/Sparen

Hohe Ausprägung
Menschen, bei denen dieses Lebensmotiv hoch ausgeprägt ist, neigen zum Sammeln, Horten und Bewahren. Sie tun sich schwer damit, Dinge weg zu werfen, zu erneuern. Sparsamkeit und Sammeln dienen Selbstzwecken. Unnötige Ausgaben werden vermieden, bereits angeschaffte Objekte werden gut gepflegt, um eine lange Lebensdauer sicherzustellen.

Unter enthusiastischen Sammlern finden sich sehr häufig Menschen mit dem Motiv Sammeln/Sparen. Sie neigen dazu, Sammlungen zu komplettieren.

Niedrige Ausprägung
Großzügigkeit und Freizügigkeit bilden den Gegenpol dieses Lebensmotivs. Menschen mit einem geringen Wunsch nach Sammeln und Sparen können sich von Sachen trennen, sie wegwerfen und sie haben eine geringe Hemmschwelle für Ausgaben. Meist kümmern sie sich weniger um ihren Besitz und manchmal neigen sie zu Verschwendung.

13.1.4 Motiv Eros/Schönheit

Hohe Ausprägung
Eros umfasst Sexualität, Lust, Schönheit oder Ästhetik ebenso wie romantische Liebe, genauso wie den Wunsch nach sinnlichem Erleben. Dieses Streben dehnt sich aus auf Kunst und Musik. Menschen mit einem hoch ausgeprägten Eros-Motiv haben intensive sexuelle Fantasien und verbringen Zeit damit, sich für das andere Geschlecht heraus zu putzen. Sie können dazu neigen, andere aufgrund ihrer physischen Attraktivität zu bewerten oder nach deren Einstellung zu „den schönen Dingen".

Niedrige Ausprägung
Menschen mit gering ausgeprägtem Eros-Motiv hingegen haben seltener Sex und sehnen sich seltener danach. Ihr Lebensstil ist im Vergleich zu Menschen mit hoch ausgeprägtem Eros-Motiv eher asketisch. Das Design von Produkten oder Kunst und „schöne" Dinge ordnen sie eher dem Nutzen von Dingen unter. Ihnen ist ein gewisser Pragmatismus eigen.

13.1.5 Motiv Emotionale Ruhe

Hohe Ausprägung
Emotionale Ruhe meint das Streben nach einem angstfreien und emotional stabilen Leben. Menschen mit einem hoch ausgeprägten Ruhemotiv wünschen sich, Stresssituationen zu vermeiden.

Sie agieren meist vorausschauend und sie verhalten sich vorsichtig, Unbekanntes ist nicht ihr Ding. Nicht selten ist ihr Leben angstbesetzt. In Veränderungen werden schneller die Risiken als die Chancen gesehen. Menschen mit einer hohen Ausprägung des Motivs „Emotionale Ruhe" neigen eher dazu, sich bei Schmerzen und Unwohlsein Sorgen um ihren allgemeinen Gesundheitszustand zu machen.

Niedrige Ausprägung
Zeitgenossen mit einem geringen Ruhemotiv haben eine hohe Stresstoleranz. Sie sind Entdecker, die Abenteuer und Nervenkitzel suchen. Sich selbst sehen sie als mutig, robust und risikofreudig an. Angst oder Panik empfinden sie wesentlich seltener als Menschen, bei denen das Motiv höher ausgeprägt ist. Der Umgang mit Schmerzen ist für sie relativ unproblematisch. Gelegentlich werden sie sogar durch Stress motiviert, besondere Leistungen zu zeigen.

13.1.6 Motiv Rache/Wettkampf

Hohe Ausprägung
Menschen mit einer hohen Ausprägung des Rache/Wettkampf-Motivs streben nach Rache oder Wettkampf. Ihr Leben besteht vielfach darin, gewinnen oder sich verteidigen zu wollen. Menschen mit einem hohen Rache-Motiv messen sich gerne mit anderen und werden durch den Wettkampf zu Höchstleistungen angespornt. Es ist für sie wichtig, sich zu behaupten und sich Angriffen zu stellen.

Wettbewerbsfähigkeit und Konkurrenzbetonung stellen Möglichkeiten dar, an jemandem Rache zu üben.

Niedrige Ausprägung
Menschen mit einem niedrigen Bedürfnis nach Rache und Wettkampf wirken oft ausgleichend und harmonisierend. In Ihrem Verhalten herrscht immer wieder Konfliktvermeidung oder Konfliktschlichtung vor.

Sie suchen gerne nach Kompromissen. Menschen mit einer niedrigen Rache/Kampf-Motivation vergeben anderen schnell und brauchen den Vergleich mit anderen nicht. Es ist möglich, dass sie sehr große Zugeständnisse von ihrer Seite machen, um eine Eskalation zu vermeiden.

13.1.7 Reiss-Motive im Verkauf ansprechen

Anhand der Liste der Motive können Sie erkennen, wie unterschiedlich Menschen ticken.

Jeder Mensch hat ein unterschiedliches Set an Motiven, die auch noch in unterschiedlichen Kontexten unterschiedlich stark sein können. Es kann sein, dass bei einem Menschen als Privatmann das Motiv Sammeln/Sparen stärker zutage tritt, als wenn er z. B. in der Rolle des Gesellschafters unterwegs ist.

Womöglich ist dann das Motiv Rache/Kampf gerade zu einem größeren Anteil für die zu treffende Kaufentscheidung verantwortlich.

Wichtig ist, dass Sie überhaupt erkennen, was einen Kunden motiviert zu kaufen. Wenn Sie das herausgefunden haben, kann die Wahrscheinlichkeit steigen, einen Verkauf abzuschließen. Vielfach machen Verkäufer hier den Fehler, dass sie von ihren eigenen Motiven auf die Kaufmotivation ihrer Kunden schließen. Es ist z. B. aus verkäuferischer Sicht völlig unsinnig, jemandem, bei dem das Motiv Anerkennung auf der Reiss-Skala bei **+2** rangiert und Sammeln & Sparen bei **−2**, ein Sonderangebot zu machen, wenn er das Modell vom letzten Jahr kauft.

Das klappt höchstens, wenn er es für jemanden kauft, um es ihm zu schenken und gleichzeitig sicherzustellen, dass der Beschenkte keinesfalls ein neueres Modell als der Schenker selbst hat.

13.1.8 Bedeutung von Reiss-Motiven für den Verkauf

Sie können Kunden nicht motivieren. Ihre Kunden sind bereits motiviert. Wenn Sie etwas verkaufen wollen, müssen Sie herausfinden, wozu Ihre Kunden motiviert sind.

Hierzu müssen Sie sich mit Motiven beschäftigen und Ihre eigenen Motive für einen Kauf hintenan stellen. Lernen Sie Fragetechniken und seien Sie aufmerksam um herauszufinden, worauf die Motivation Ihrer Kunden zielt.

Viele Verkäufer machen z. B. den Fehler „mit ihrer eigenen Brieftasche" für den Kunden zu denken: Nur weil sie selbst sparsam sind meinen sie, ihr Kunde sei auch zum Sparen motiviert.

Nicht nur, dass sie weniger Umsatz machen als möglich ist – im Zweifelsfall machen diese Verkäufer gar keinen Umsatz, weil der Kunde sich bei ihnen nicht verstanden und unwohl fühlt.

13.2 DISG®-Modell

Ein sehr beliebtes, auch weil einfach erklärbares Modell für das menschliche Verhalten ist das DISG®-Modell.
DISG® steht für vier Grundtypen:

- Dominant
- Innovativ
- Stetig
- Genau

13.2 DISG®-Modell

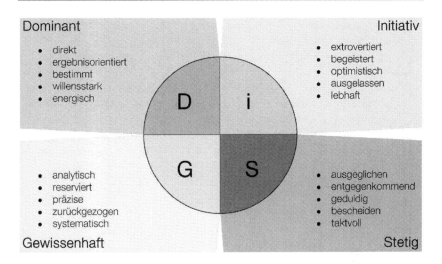

Abb. 13.1 DISG-Typen

Das DISG®-Modell unterteilt die Menschentypen auf der Horizontalachse nach der Frage, wie sich wohl ein Mensch in Kombination mit anderen Menschen empfindet (aufgabenorientiert vs. menschenorientiert) und auf der senkrechten Achse nach der Frage, ob ein Mensch eher extrovertiert oder introvertiert ist (Abb. 13.1).

Hierzu ist auch wieder wichtig zu wissen, dass es selten einen dieser Typen in Reinform gibt. Es ist eher so, dass Sie als Verkäufer herausfinden müssen, welcher Typ oder welche Typen bei Ihrem Kunden überwiegen. Darauf können Sie dann Ihre Argumentations- und Abschlussstrategien ausrichten.

13.2.1 Beschreibung der DISG®-Typen

Wie auch schon zuvor, erlaube ich mir die verkürzte Darstellung des Modells und verweise Interessierte auf einschlägige Literatur dazu (siehe „Weiterführende Literatur" nach diesem Kapitel). Wenn Sie die nachfolgenden Hinweise beachten, haben Sie aber schon viel Handwerkszeug, um Ihren Kunden besser einzuschätzen und mehr zu verkaufen.

- **Typ D – dominant:** Personen, die vor allem dem D-Typ entsprechen, wirken durchsetzungsfähig, risikobereit, entscheidungsfreudig, konsequent und direkt. Sie wirken in ihrem Auftreten meist autoritär und sie übernehmen gerne das Kommando.
- **Typ I – initiativ:** I-Typen sind teamfähig und kommunikativ, knüpfen gerne Kontakte und unterhalten gerne andere Menschen. Sie können andere mitreißen und begeistern und zeichnen sich durch Optimismus und Vielseitigkeit aus. Sie stehen Neuem sehr aufgeschlossen gegenüber.
- **Typ S – stetig:** Personen des Typen S sind sympathisch, hilfsbereit, loyal, konservativ, beständig und geduldig. Sie entwickeln in der Regel ein spezielles Können und halten sich gerne an einmal festgelegte Arbeitsläufe. Ein S-Typ geht gerne Schritt für Schritt an eine Sache ran und kommt konsequent zu einem Ergebnis.
- **Typ G – gewissenhaft:** G-Typen sind qualitätsbewusst und streben nach Perfektion. Sie hinterfragen alles kritisch, analysieren und konzentrieren sich auf Fakten und nehmen gerne vorgegebene Arbeitsabläufe an, wenn diese qualitativ hochwertige Ergebnisse gewährleisten.

13.2.2 Umgang mit den jeweiligen DISG®-Typen im Verkauf

Umgang mit dem dominanten D-Typ

Der D-Typ kommt gerne schnell zum Punkt und trifft schnelle Entscheidungen. Small Talk kann ihm lästig sein. Er ist in der Regel zuverlässig und steht zu seinem Wort. Da er eher sachorientiert ist schätzt er es, wenn Sie ihm seine Sachfragen im Z.D.F.-Stil. (Z.D.F.=Zahlen, Daten, Fakten) nahe bringen.

Er schätzt ein Gegenüber, das ihm ähnlich ist. Fragen Sie bei einem D-Typen eher früher als später, „ob Sie den Sack nun zu machen sollen". Es interessiert ihn nicht besonders, ob Sie ihn mögen oder nicht.

Umgang mit dem innovativen I-Typ

Der I-Typ ist bestrebt, mit den Menschen gut zurecht zu kommen. Er kommt meist locker rüber, ist redselig und scherzt gerne. Für Neues ist er tendenziell gut zu begeistern. Die Strategie im Umgang mit dem I-Typ lautet: Gehen Sie auf die Persönlichkeitsebene, adressieren Sie seinen Spieltrieb und packen Sie ihn bei seiner Lust, sich auf Neues zu stürzen.

13.3 TA – Transaktionsanalyse

Umgang mit dem stetigen S-Typ
Wie auch dem I-Typen ist es dem S-Typen wichtig, eine gute Beziehung zu seinen Mitmenschen zu haben. Da er eher introvertiert ist, neigt er zur Wortkargheit. Dafür hört er Ihnen geduldig zu und antwortet Ihnen zuverlässig. Veränderungen – vor allem schnelle – sind nicht sein Ding.
Er braucht einen stufenweisen Weg zum Ziel und die Sicherheit, dass im Wesentlichen alles so bleibt, wie bisher. Argumentieren Sie beim Stetigen so, dass er einen strukturierten Weg zum Ziel erkennen kann und leiten Sie den Abschluss schrittweise ein.

Umgang mit dem genauen G-Typ
Der G-Typ wirkt manchmal wie das, was der Volksmund „Korinthenkacker" nennt. Er weist Sie auf Argumentationsfehler hin, er kennt die AGBs und er liebt Zahlen, Daten und Fakten. Der G-Typ ist derjenige, dem Sie ein Factsheet vorlegen können.
Im Umgang mit dem G-Typen müssen Sie präzise sein, sich an vereinbarte Regeln halten („Ich rufe Sie um 17 Uhr zurück" heißt für ihn 17 Uhr und nicht 17.05 Uhr) und Sie sollten auf seinen Detailhunger eingehen, wenn Sie ihn gewinnen wollen.

13.2.3 Bedeutung des DISG-Modells® für den Verkauf

Obwohl das DISG-Modell® nach meiner Einschätzung eine sehr vereinfachte Typisierung des Menschen ist, halte ich es für sehr brauchbar.
Wer es schafft, sein Gegenüber schon mal mit DISG® zu typisieren und entsprechend zu agieren, der ist schon mal weiter als viele Kollegen im Verkauf, die nach dem Motto „One size fits all" verfahren und alle Kunden auf die immer gleiche Art und Weise ansprechen.
Ich empfehle Ihnen, sich mit dem Modell intensiver zu beschäftigen und sich nach und nach weiteres Wissen über die Psyche des Menschen anzueignen.
Zur Komplettierung des Wissens darüber, welche Typen Ihnen so begegnen, halte ich persönlich die NLP für am geeignetsten.

13.3 TA – Transaktionsanalyse

Die Transaktionsanalyse ist ein Modell, das von dem amerikanischen Psychologen Eric Berne beschrieben wurde (Harris 1976). Es bezeichnet verschiedene „Ich-Zustände" eines Menschen und beschreibt die so genannten „Lebensskripte".

Große Bekanntheit erlangte es durch die Beschreibung der fünf Ich-Zustände Kritisches-Eltern-Ich, Stützendes-Eltern-Ich, Erwachsenen-Ich, Spielerisches-Kind-Ich und Angepasstes-Kind-ich.

Diese verwende ich sehr gerne in Seminaren zum Thema „Konfliktbewältigung", lasse es aus diesem Buch aber raus, da es im Verkauf nicht die große Relevanz hat. Ich beschränke mich für dieses Buch auf die Beschreibung der Lebensskripte nach Eric Berne.

Eric Berne ging davon aus, dass jeder Mensch aufgrund seiner vorgeburtlichen und seiner späteren Prägung einer der folgenden grundlegenden Einordnungen von sich selbst in Beziehung mit anderen unterliegt.

13.3.1 Die Lebensskripte nach Eric Berne

Die Lebensskripte nach Berne lauten wie folgt:

Ich	Andere
Bin OK	Ist nicht OK
Bin nicht OK	Ist OK
Bin nicht OK	Ist nicht OK
Bin OK	Ist OK

Stellen Sie sich mal den Unterschied im Gesprächsverlauf mit zwei unterschiedlichen Kunden vor:

Der eine ist der Meinung, dass die Menschen, mit denen er zu tun hat „alle Idioten" sind und der andere ist der Meinung, „dass die anderen genauso nett sind, wie er selbst".

Das ist eine der Sachen, die beim Eisbergmodell unter der Wasseroberfläche liegen – diese Lebensskripte.

Wenn Sie also das Gefühl haben, dass Sie jemand nicht mag, so muss das nichts mit Ihnen persönlich zu tun haben. Es kann einfach sein, dass es sich dabei um das Skript handelt:

Ich	Andere
Bin OK	Nicht OK

Nehmen Sie es nicht persönlich, sondern nehmen Sie es einfach hin und führen Sie Ihr Verkaufsgespräch anhand der weiteren Einschätzungen, die Sie über Ihren Kunden vorgenommen haben, fort.

Die Chance, dass Sie das Lebensskript Ihres Gegenübers im Verkaufsgespräch korrigieren können, geht gegen null.

Wenn überhaupt, ist das Aufgabe eines Coachs (im Auftrag des Kunden) oder eines Psychotherapeuten.

13.3.2 Bedeutung der TA im Verkauf

Im Verkaufsgespräch können Sie die TA nutzen, um das Lebensskript Ihres Gesprächspartners zu erkennen und sich darauf so einzustellen, dass Sie ihrem Ziel des Abschlusses näher kommen.

13.4 Typisierungen aus der NLP

Die NLP – Neuro-Linguistische-Programmierung ist eine Sammlung von Erkenntnissen und Werkzeugen aus der Psychotherapie. Sie stellt keine eigene Wissenschaft dar, sondern vielmehr eine sehr exakte Beschreibung von psychologischen Phänomenen und vor allem von Werkzeugen, um mit diesen Phänomenen umzugehen.

Mir ist keine psychologische Schule bekannt, die mehr Werkzeuge hat, als die NLP. Ich kann daher nur jedem, der ein professioneller Verkäufer werden will empfehlen, sich mit der NLP zu befassen.

Ich möchte hier einige Beschreibungen über Verhaltensweisen und Menschentypen wiedergeben, die aus der NLP stammen und die ich im Zusammenhang mit dem Verkaufshandwerk für besonders erwähnenswert halte.

Es sind bei weitem nicht alle, aber all jene, die ich besonders klar finde.

13.4.1 Von-weg oder hin-zu?

Psychologisch gesehen gibt es zwei Grundmotive von Menschen, etwas zu kaufen (überhaupt: etwas zu tun).

Das eine Motiv ist „Schmerz vermeiden", und das andere ist „Freude gewinnen". Beide funktionieren gleich gut. Es ist nur eine Frage, bei welchem Gegenüber man welches Motiv anwendet.

13.4.2 Von-weg-Typen

Wie der Name schon vermuten lässt, sind Von-weg-Typen von ihrer Grundeinstellung her so aufgestellt, dass sie sich eher bewegen, wenn sie die Chance haben, von etwas Unangenehmem weg zu kommen. Sie wollen eine aktuelle Situation verlassen und tun deshalb etwas.

Beispiele dafür sind:

- Nicht mehr so langsam fahren müssen.
- Es nicht mehr kalt zu Hause haben.

Im Verkauf ist es wichtig, sich auf die Richtungsmuster und auf die Sprachmuster des Gegenübers einzulassen. Einen guten Rapport stellen Sie zu Ihrem Kunden her, wenn Sie im Gespräch sein Bewegungsmuster verwenden. Wenn Sie einem Von-weg-Typen einen Sportwagen verkaufen möchten, dann sagen Sie also:

„Mit diesem Wagen werden Sie künftig nicht mehr so lange für die Strecke brauchen, wie bisher".

13.4.3 Hin-zu-Typen

Hin-zu-Typen sind Menschen, die sich eher bewegen, weil sie eine Vision, ein Ziel vor Augen haben. Sie wollen beispielsweise:

- Endlich schneller fahren.
- Es schön warm zu Hause haben.

Gewöhnen Sie sich beim Verkaufsgespräch an, sich auf die Richtungsmuster und auf seine Sprachmuster einzulassen. Einen guten Rapport (eine stabile Beziehung) stellen Sie zu Ihrem Kunden her, wenn Sie im Gespräch sein Bewegungsmuster verwenden.

Wenn Sie einem Hin-zu-Typen einen Sportwagen verkaufen möchten, dann sagen Sie lieber:

„Mit diesem Wagen werden Sie künftig viel schneller am Ziel sein, als bisher".

13.4.4 Die Bedeutung der Bewegungsrichtung für den Verkauf

Wer die bevorzugte Bewegungsrichtung seines Kunden erkennt und sich im Verkaufsgespräch darauf einlässt, stellt leichter einen Rapport zu seinem Kunden her- also eine bessere mentale Verbindung.

Bildlich gesprochen können Sie sich das so vorstellen, dass die Verbindung zwischen Ihnen und Ihrem Kunden eine breitere Straße darstellt, auf der Sie beide gemeinsam laufen.

Natürlich kann auf einer breiten Straße mehr transportiert werden: mehr Emotionen, mehr Beziehungen, mehr Umsätze.

13.5 Internale und externale Typen

Bei den beiden Typen Internal und External besteht die Unterscheidung darin, in welchem Umfang sie sich nach anderen Menschen richten – also beispielsweise nach der Meinung anderer Menschen und deren Urteil.

13.5.1 Internale Typen

Internale Typen haben die Angewohnheit „mehr bei sich selbst" zu sein. Sie treffen ihre Entscheidungen unabhängig von anderen Menschen. Sie müssen niemanden fragen und brauchen keine Orientierung an anderen Menschen für ihre Entscheidung.

13.5.2 Externale Typen

Externale Typen stellen das Gegenteil des internalen Typen dar. Externale Typen zeichnen sich dadurch aus, dass sie sich in ihren Entscheidungen gerne an anderen Menschen orientieren. Sie achten darauf, was andere denken, wie sich andere Menschen entscheiden. Sie fragen andere vor einer Entscheidung eher um Rat.

13.5.3 Bedeutung von internal oder external für den Verkauf

Wenn Sie im Verkaufsgespräch herausfinden, ob Sie einen externalen oder einen internalen Typen vor sich haben, können Sie ihre Sprechweise darauf anpassen.
Einem internalen Typen können Sie sagen:
„Wenn sich bei Ihnen ein gutes Gefühl einstellt, dann schlagen Sie jetzt zu – ich habe nur noch zwei Stück an Lager..."
Bei einem externalen Typen sagen Sie lieber so etwas wie:
„Ich habe diese Woche schon 12 Stück an Kunden verkauft, die in ähnlicher Situation wie Sie waren. Sie sind alle hellauf begeistert."

13.6 Optional vs. prozedural

13.6.1 Optionale Typen

Menschen von Typ „optional" können Sie daran erkennen, dass sie sich gerne für neue Lösungen und neue Wege interessieren. Wenn Sie einem optionalen Typen eine Checkliste zur Verwendung vorlegen oder ein Gesprächskonzept, so wird es sicher nicht lange dauern, bis er anfängt, daran Veränderungen vorzunehmen.
Rezepte sind für ihn Vorschläge, keine Anweisungen.

13.6.2 Prozedurale Typen

Ganz im Gegenteil dazu, agiert der prozedurale Typ: 500 g Mehl in einem Kochrezept sind für ihn 500 g und nicht „ein bisschen weniger". Drei mittlere Eier sind nicht zwei große Eier im Teig. Rezepte und Konzepte sind eher Anweisungen und haben eingehalten zu werden.

13.6.3 Bedeutung von optional und prozedural für den Verkauf

Wenn Sie erkennen, ob Sie einen optionalen oder einen prozeduralen Typen im Verkauf vor sich haben, können Sie sich sprachlich darauf einstellen und einen besseren Rapport zu Ihrem Gesprächspartner herstellen.

Sagen Sie zu einem prozeduralen Typen so etwas wie:
"Herr Müller, wenn Sie strikt der Anleitung des Gerätes folgen, steht der sicheren Bedienung, wie vorgesehen, nichts im Wege ...", wird Herr Müller als Prozeduraler sich gut fühlen.

Sagen Sie zu dem optionalen Typen etwas wie: *"Da haben Sie aber Glück gehabt. Die Bedienung des Gerätes richtet sich ganz nach Ihren Wünschen. Sie können alles so einstellen, wie Sie es brauchen..."* und Sie haben den Umsatz schon fast im Sack.

13.7 Generalisierung und Tilgung

Bei den folgenden Beschreibungen handelt es sich um Bestandteile der sogenannten Metamodelle der Sprache, im Jargon der NLP.

13.7.1 Generalisierung

Generalisierungen sind Aussagen, die etwas über alle Elemente einer Klasse aussagen. Menschen, die generalisieren, suchen Dinge, die vermeintlich immer gleich sind oder bleiben. Sie generalisieren ihre Erfahrungen in einem Bereich – z. B. einem Erlebnis auf andere Bereiche, die für sie ähnlich scheinen. Eine Generalisierung ist eine Behauptung, die immer und ohne Ausnahme gilt. Beispiele hierfür sind Aussagen wie:

- *"Diese neuen Geräte sind ja alle viel anfälliger als die alten."*
- *"Der neue Kram taugt nichts. Ich hatte vor Jahren mal ein neues Teil probiert, welches gleich den Geist aufgegeben hat."*

Generalisierer stellen eine besondere Herausforderung im Verkaufsgespräch dar. Sie laden einen gefühlt zum „Diskutieren" ein. Damit kommt man aber nicht sehr weit mit ihnen. Der beste Weg ist der, Generalisierer durch rationalisierende Fragen auf den Boden der Tatsachen zu führen und ihnen dabei zu helfen zu erkennen, dass es für seine universelle Regel auch Ausnahmen gibt, von denen er profitieren kann.

13.7.2 Tilgung

Die Tilgung benutzen Menschen, die sprachlich wichtige Dinge weglassen, weil es für sie sonnenklar ist.
Beispiel: „Ich brauche eines, mit dem ich surfen und telefonieren kann....".
Natürlich kann es sich hierbei um ein Smartphone handeln, es kann sich aber auch um ein Tablet-PC handeln.
Ein Tilger sagt Sachen wie: „Da waren wir gestern in dem schönen Biergarten in Frankfurt...", er sagt Ihnen aber nicht, in welchem Frankfurt und wer „wir" ist. Das müssen Sie schon erfragen, wenn es Ihnen wichtig ist.
Genau das ist auch der Weg, im Verkaufsgespräch mit dem Tilger so umzugehen, dass Sie alle Informationen erhalten, die Sie benötigen. Sie müssen einfach gut im Nachfragen sein (das sollten Sie als Verkäufer aber sowieso). Einem Menschen mit dem Metaprogramm „Tilgung" begegnen Sie im Verkaufsgespräch mit klarem Nachfragen:

- „Interessant, Frau Schmidt, mit wem waren Sie denn im Biergarten?" oder
- „Na klar, Herr Meier, das macht es ja auch leichter. Dachten Sie eher an ein Smartphone, ein Tablet, oder schwebt Ihnen etwas ganz anderes vor?"

13.7.3 Bedeutung von Generalisierung & Tilgung für den Verkauf

Je nachdem, ob Sie einen Tilger oder einen Generalisierer als Gesprächspartner haben, müssen Sie Ihre Fragetechniken und Ihren Geduldsfaden anpassen, damit Sie den Rapport aufrechterhalten können.
Eine gute Übung in gelassener Gesprächsführung durch professionelles Fragen ist unabdingbar für das Verkaufsgespräch mit Tilgern und Generalisierern.

13.8 Detailorientiert vs. Übersichtsorientiert

13.8.1 Detailorientiert

Der detailorientierte Typ liebt Details. Er ist im Gespräch gut daran zu erkennen, dass er oft in kleinsten Details Geschichten erzählt und Dinge beschreibt, z. B. so:
„Ich suche eine Kamera mit der ich Tierfotos machen kann. Wissen sie, ich habe einen Hund, einen Jack Russel. Sein Name ist Peter von der Hasenheide.

Er ist nun drei Jahre und vier Monate alt. Ich rettete ihn aus einer Kleinstadt auf Mallorca, an der Ostküste, dort wo auch..."
Der Detailorientierte kann einen Übersichtsorientierten locker in den Wahnsinn treiben. Für den Übersichtsorientierten sind all diese Details unerheblich und halten ihn nur davon ab, endlich zum Wesentlichen zu kommen.

13.8.2 Übersichtsorientiert

Der Übersichtsorientierte sieht immer mehr das Große und Ganze. Er ist mehr der Typ für die hinter einem Detail liegenden Prinzipien. Wenn der Übersichtsorientierte eine Kamera kaufen will, dann hört sich das so an:
„Ich suche eine Kamera mit der ich Tierfotos machen kann, besonders Hunde...."
Wenn der übersichtsorientierte Kunde auf einen detailorientierten Verkäufer stößt, raubt dieser ihm womöglich den letzten Nerv.

Der detailorientierte Verkäufer kann es kaum für möglich halten, dass die an seinen Kunden gelieferten Informationen für die Kaufentscheidung schon genug sind. Wenn er das aber nicht erkennt, sinkt die Wahrscheinlichkeit, zum Abschluss zu kommen.

13.8.3 Umgang mit Detailorientierten und Übersichtsorientierten im Verkauf

Der detailorientierte Kunde fragt nach mehr Details (oder erzählt diese), der übersichtsorientierte Kunde fragt nach dem Großen und Ganzen oder erzählt mehr „im Großen und Ganzen".

Trifft ein detailorientierter Kunde auf einen Verkäufer, besteht die Kunst darin, diesen mit gelegentlichen Fragen darauf hin zu lenken, dass „schon genug Details" vorhanden sind. z. B. so: *„Lassen mich bitte kurz einhaken, Hr. Müller. Ich habe verstanden Ihnen ist wichtig, dass A, B, C... Alle von Ihnen genannten Details sind bei diesem Produkt gewährleistet. Soll ich es Ihnen in blau oder in rot schicken?"*

Trifft der übersichtsorientierte Kunde auf einen detailorientierten Verkäufer, so besteht die Gefahr, dass der Verkäufer Sorge hat, der Kunde habe noch nicht genügend Details für seinen Kauf erhalten. Hier hilft es dem Verkäufer, sich gelegentlich rückzuversichern, nach dem Motto:

„Lieber Kunde, reicht Ihnen diese Erklärung oder wünschen Sie sich noch weitere Details?"

Für alle Typisierungen gilt

Wichtig für den Verkäufer ist, bei allen Typisierungen zu verstehen, dass wenn der Verkäufer sich nicht auf den Kundentypen einlässt, es für den Kunden fast so ist, als wenn er Mandarin und der Verkäufer Hindi spricht; beide verstehen sich nicht oder nur schlecht.

Da eine gute Kommunikation die Grundlage guter Geschäfte ist, ist es wichtig, diese Sprachbarrieren zu überwinden. Ansonsten reden und denken beide Partner womöglich aneinander vorbei.

Der Verkäufer als professioneller Kommunikator hat die Verantwortung dafür, dass dies geschieht.

13.9 VAKOG-System

Die NLP beschreibt fünf bei Menschen überwiegend vorhandene und benutzte Sinneskanäle:

- Visuell
- Auditiv
- Kinästhetisch
- Olfaktorisch
- Gustatorisch

Demnach hat jeder Mensch bevorzugte Sinneskanäle, um seine Umwelt wahrzunehmen und sich auszudrücken. Die Anfangsbuchstaben der jeweiligen Sinne ergeben das VAKOG-System.

Alle sind ein bisschen VAKOG, das bedeutet, alle Menschen haben einen Mix aus unterschiedlichen Anteilen des VAKOG-Systems. Allgemein ist davon auszugehen, dass der Mitteleuropäer in rund 50 % der Fälle ein überwiegend visueller Mensch ist. Wer sich dafür näher interessiert, dem empfehle ich einschlägige NLP-Literatur (siehe „Weiterführende Literatur" nach diesem Kapitel).

Es folgt nun eine Übersicht über die VAKOG-Typen.

13.9.1 Visuelle Menschen (V)

Haben für vieles sofort ein „Bild" im Kopf. Die Bandbreite reicht von zweidimensional schwarz/weiß bis zu 3D und HD und in Farbe.

13.9.2 Auditive Menschen (A)

Nehmen ihre Umwelt überwiegend über Töne wahr. Dadurch kann ich ganze Musikstücke, Konzerte und Unterhaltungen in meinem Kopf abspielen lassen.

13.9.3 Kinästhetische Menschen (K)

Lieben Bewegung und haptische Erlebnisse: Sie wollen alles „anfühlen" oder „fühlbar" machen und denken in Bewegungen. Ich erinnere mich an das Bild einer Bekannten, die sich mein neues Bad ansehen wollte. Das erste was sie machte, nachdem sie durch die Tür ging war, mit den Fingern die Fliesen entlang zu streichen. Sicherlich eine Kinästhetin.

13.9.4 Olfaktorische Menschen (O)

Riechen ihre Umwelt und erzeugen zu Situationen Geruchsempfindungen. Sie sind sehr empfänglich für Gerüche jeder Art und haben sehr oft eine Assoziation von Situationen zu Gerüchen.

13.9.5 Gustatorische Menschen (G)

Gustatorische Menschen „schmecken" Ihre Umwelt. Sie sind sehr empfänglich für Geschmäcker jeder Art und haben sehr oft eine Assoziation von Situationen zu schmecken.

Nachfolgend finden Sie eine (natürlich unvollständige) Liste von typischen Begrifflichkeiten, mit denen der jeweilige VAKOG-Typ gerne hantiert:

13.9.6 Übersicht typischer Begriffe für den jeweiligen VAKOG-Typ

Es gibt typische Begriffe und Aussagen, die den jeweiligen Typen zuzuordnen sind:

Visuell	Auditiv	Kinästhetisch	Olfaktorisch	Gustatorisch
Erscheint	Sagen Sie mal...	Befallen	Riecht	Schmackhaft
Klar sehen	Laut/leise	Geht gut	Stinkt	Klingt lecker!
Das sehe ich so...	Hört sich gut an...	Fühlt sich gut an		Delikat
Glanz	Erwähnen	Druck		Süßer Kerl
Zeigen	Bemerken	Solide		Bitterer Beigeschmack
Bild	Geräusch	Läuft!		Habe lange darauf herum gekaut...
Betrachten	Surrt	Schnell		
Zuschauen	Klingt prima...	Langsam		

13.9.7 Eine Geschichte zur Missachtung des VAKOG-Systems im Verkauf

Ein Kunde betritt mit gefüllter Brieftasche einen Fahrradladen, in der festen Absicht, sich ein neues, hochwertiges Fahrrad zu kaufen.

Der Kunde ist ein sehr bewegungsorientierter Mensch. Im VAKOG-System hat er eine starke Ausprägung zur Kinästhetik. Ein aufmerksamer Verkäufer konnte das schon daran erkennen, dass der Kunde mit der Hand über jeden Sattel streicht, den Lack anfasst und sich ein Gefühl für das Abrollen der Reifen verschafft, in dem er einige Räder leicht auf dem Boden hin und her schiebt. Nun spricht ein Verkäufer den Kunden an. Nach einem kurzen Befragen des Kunden wählt der Verkäufer ein Rad, stellt es mehr oder weniger hinter sich selbst und erzählt dem Kunden etwas über einige technische Daten, Gewicht, verwendete Materialien, Übersetzungen, Garantien usw.

Unser kinästhetischer Kunde hat sich schon zu 80 % für das Rad entschieden. Es gefällt ihm und es liegt in seiner Preisklasse. Leider steht zwischen ihm und dem Rad der Verkäufer.

Der Kunde hat keine Chance, einmal einen Augenblick lang in Ruhe das Gefühl des Sattels, das Spiel der Schaltung und die haptische Wirkung des

Bremsgriffs zu spüren. Er verlässt den Laden mit der Bemerkung, sich das noch einmal zu überlegen.

Auf dem Weg nach Hause kommt er an einem anderen Radladen vorbei und sieht das gleiche Fahrrad wie gerade eben im Laden, im Schaufenster stehen. Er betritt den Laden und sagt dem Verkäufer, er interessiere sich für dieses Rad.

Dieser nimmt es vom Ständer, übergibt es an den Kunden und sagt: „Spüren Sie mal das sanfte Abrollen der Reifen und erleben Sie die wohltuende Form des Sattels. Können Sie spüren, wie glatt das Kugellager der Radnaben die Räder drehen lässt?" Glücklich zuckt der Kunde die Brieftasche und kauft das Rad... genau das hat er gesucht und sich gewünscht...

Bedeutung des VAKOG-Systems für den Verkauf
Für den Verkaufserfolg ist es wichtig, ein Gefühl dafür zu entwickeln, welcher überwiegende VAKOG-Typ Ihr Kunde ist, um einen guten Rapport herzustellen.

Unter „Rapport" versteht man in der NLP die mentale Verbindung zwischen zwei Kommunikationspartnern.

Vereinfacht ausgedrückt: Wenn Sie in der Sprache Ihres Kunden sprechen, findet er Sie sympathischer, und die Chance auf einen Abschluss steigt exorbitant an.

Wenn Sie das herausgefunden haben, können Sie Ihre Sprache auf das VAKOG-Muster Ihres Kunden einstellen und haben so einen besseren Rapport zu Ihrem Kunden hergestellt.

13.10 Der Gegenteilsortierer

Unabhängig von allem sprachlichen Geschick, das Sie beherrschen und anwenden können sollten, gibt es einen Typen, der selbst gestandene Kommunikatoren und Verkäufer in den Wahnsinn treiben kann. In der NLP ist er als „Gegenteilsortierer" bekannt.

Den Gegenteilsortierer erkennen Sie daran, dass er – egal was Sie ihm anbieten – grundsätzlich eine gegenteilige Meinung zu haben scheint. Vielleicht erkennen Sie diesen Typ Mensch an diesem Beispiel: Sie schlagen Ihrem Freund vor, heute Abend zusammen zum Italiener zum Essen zu gehen.

Er antwortet: *„Ach ich weiß nicht... der soll ja nicht so gut sein, habe ich gehört..."*

OK, denken Sie sich: *„Thai ist auch gut..."* und schlagen vor ins „Ko Samui" zu gehen.

Ihr Gegenteilsortierer-Freund antwortet Ihnen: *„Du da war ich gerade letzte Woche mit Inge... lieber nicht..."*

Selbst wenn Sie es schaffen, ihn dazu zu bringen, dass er nun einen Vorschlag macht, kann es sein, dass er ihn noch selbst infrage stellt, er sagt: „*Mhh... wir könnten zum Griechen gehen, wer weiß aber, ob der heute offen hat...*"

Umgang mit dem Gegenteilsortierer
Der Gegenteilsortierer wird nicht so schnell diskussionsmüde. Der hält was aus. Jedes Gegenwort von Ihnen nimmt er als Einladung an, weiter Gegenvorschläge zu machen. Sie geraten sehr schnell in eine Endlosschleife.

Die einzige mir bekannte, wirksame Methode mit einem Gegenteilsortierer weiter zu kommen, ist die folgende: Verstricken Sie ihn in eine Situation, in der der Widerspruch die Zustimmung darstellt. Das geht dann so:

Sie: „*Ich weiß, wohin wir gehen können...aber – ach, das ist sicher sowieso nichts für Dich...*"

Da kommt er so einfach nicht mehr raus. Als echtem Gegenteilsortierer bleibt ihm nur eine Wahl: Ihnen zu widersprechen und damit zuzustimmen.

Er sagt: „*Aahh Moment... doch, doch... das ist sicher ok... was meinst Du?*"

Im Verkauf: „*Herr Meier, eine Idee hätte ich da, welches Produkt für Sie geeignet sein könnte... aber – ach...ich weiß nicht, ob das zu Ihnen passt...*"

Literatur

Harris, Thomas A. 1976. *Ich bin o.k. – Du bist o.k.: Wie wir uns selbst besser verstehen und unsere Einstellung zu anderen verändern können – Eine Einführung in die Transaktionsanalyse*. Reinbek: Rowohlt.
Reiss, Steven. 2009. *Wer bin ich und was will ich wirklich? Mit dem Reiss-Profile die 16 Lebensmotive erkennen und nutzen*. München: Redline.

Weiterführende Literatur

Ion, Frauke. Die 16 Lebensmotive in der Praxis: Training, Coaching und Beratung nach Steven Reiss – ISBN 9783869362397.
Peschla/Landsiedel. NLP-Metaprogramme: Verstehen und trainieren. ISBN 9783940692115.
Landsiedel. NLP-Training in 50 Lektionen: Lesen, lernen und üben. ISBN 9783940692320.
Seiwert, Lothar. Das 1 × 1 der Persönlichkeit. Sich und andere besser verstehen. Beruflich und privat das Beste erreichen. Das DISG-Persönlichkeitsmodell anwenden.
Charvet, Shelle Rose. Wort sei Dank: Von der Anwendung und Wirkung effektiver Sprachmuster. Angewandtes NLP.

Verkaufsgespräch 14

Gute Verkäufer wissen alles, was sie sagen.
Schlechte Verkäufer sagen alles, was sie wissen.

Wo beginnt das Verkaufsgespräch und wo endet es?
Das Verkaufsgespräch beginnt und endet im Kopf und im Bauch des Verkäufers. Das Gefühl, das er für sich und seinen Job hat, das Gefühl, das er seinem Kunden gegenüber bringt, die Annahmen, die er trifft, bevor er in das Verkaufsgespräch reingeht, all das wirkt darauf, wie das eigentliche Sprechen im Verkauf seinen Lauf nimmt. Es bestimmt die Interaktion zwischen Verkäufer und Kunden, es bestimmt seine Neigung zu Problem- oder Lösungsorientierung, die Freundlichkeit des Verkäufers usw.

„Mit dem Kunden denken", statt „Für den Kunden denken"
Viele Verkäufer machen den Riesenfehler, dass sie für den Kunden denken, statt mit dem Kunden.

Es kommt ein Kunde in den Laden und sagt: *„Ich suche ein Gerät mit dem ich komfortabel surfen und telefonieren kann."*

Und der Verkäufer sagt: *„Da wollen Sie sicher ein Tablet von XYZ haben, gelle?"*

Nein. Er hätte gerne ein Surfbrett mit eingebautem Autotelefon (wasserdicht).

Das hätte der Verkäufer herausfinden können, wenn er:

- Nicht für den Kunden, sondern mit dem Kunden gedacht hätte.
- Mehr gefragt als vermutet hätte, und sich dadurch wertvolle Informationen von seinem Kunden beschafft hätte.

Falsche Vorannahmen eines Verkäufers darüber, was sein Kunde wohl will, entstehen aus der Kombination aus Bequemlichkeit, keine Fragen zu stellen und dem Gefühl der überlegenen Allwissenheit des Verkäufers. Der aufrichtige Versuch, die Wünsche seines Kunden zu ergründen, sind mit die wichtigsten Einstellungen erfolgreicher Verkäufer. Sie schützen vor dem Fehler mit dem Kunden zu denken, statt für ihn.

14.1 Aufbau eines Verkaufsgesprächs

Langsam geht es ans Eingemachte, sprich: an die Frage, wie so ein Verkaufsgespräch optimalerweise laufen sollte.

Es gibt einige Kolleginnen und Kollegen von mir, die mit Feuereifer propagieren, dass ein Verkaufsgespräch in Phasen zu verlaufen habe, z. B.

- Kontakt
- Bedarfsanalyse
- Angebot
- Einwandbehandlung
- Abschluss

Das ist auch nicht per se falsch, nur glaube ich, dass ein Kunde sich nicht einfach so und jederzeit in ein solches Phasenmodell stecken lässt.

Selbst wenn es sinnvoll ist, ein Verkaufsgespräch in ein solches Phasenmodell zu stecken kann es sein, dass der Kunde Ihnen einen Strich durch die Rechnung macht.

Wenn Sie nun sagen: *„Moment mal, lieber Kunde, die Bedarfsanalyse ist vorbei, wir kommen nun zum Abschluss..."*, muss der Ihre Meinung nicht unbedingt teilen und kommuniziert noch ein paar weitere Bedarfe.

Mein Rat an Sie ist der: Denken Sie grundsätzlich in den oben genannten Phasen, bleiben Sie aber aufmerksam für Veränderungen im Gesprächsverlauf und widmen Sie Ihre Aufmerksamkeit lieber mehr den Gesprächstechniken, statt den Gesprächsphasen.

Für sinnvoll halte ich so ein Phasenmodell schon deshalb, weil es Ihnen hilft, sich für eine angemessene Zeit des Informationssammelns und des Anbietens zu disziplinieren.

14.1.1 Grundsätzliches zu den Phasen des Verkaufsgesprächs

Vor dem Abschluss

Bis zum Abschluss sollten Sie als Verkäufer überwiegend offene Fragen stellen. Das Verhältnis Redeanteil Verkäufer zu Kunde sollte wie folgt aussehen: Kunde circa 70 % bis 80 %, Verkäufer circa 20 % bis 30 %. Erreicht wird das, in dem der Verkäufer mehr fragt als sagt und sich so wichtige Informationen für sein Angebot verschafft.

Im Abschluss

Im Abschluss werden vom Verkäufer überwiegend geschlossene Fragen gestellt, die der Kunde bestenfalls mit Ja beantworten kann. Beispiele hierfür sind:

„Wenn ich Ihnen das nun noch einbaue, entscheiden Sie sich dann für das Produkt?" oder

„Habe ich Sie richtig verstanden, dass Sie sich ein Surfbrett mit eingebautem wasserdichtem Autotelefon vorstellen?"

14.1.2 Die wichtigste Frage im Verkauf: Was habe ich (Kunde) davon?

Wichtiger als bestimmte Gesprächsphasen finde ich, dass Sie sich – egal, was Sie gegenüber Ihrem Kunden sagen wollen – klar machen, dass Ihr Kunde Ihnen niemals ein Produkt abkauft, sondern immer nur seinen praktischen und/oder emotionalen Nutzen.

Deshalb sollten Sie beim Aufbau von Argumentationen darauf achten, dass Ihre Worte auf den Nutzen für Ihren Kunden ausgerichtet sind. Stellen Sie Ihr gesamtes Mindset so ein, dass Sie das – egal, was der Kunde von Ihnen wissen will – beachten.

Die Frage: „Was habe ich davon?" muss Ihr Verkäufermantra werden, das Sie aus Sicht Ihres Kunden für Ihn herunter beten.

Werbeaussagen wie:

„Wir sind überall in Deutschland" oder *„Jetzt im Angebot"* sind aus verkaufsrhetorischer Sicht völlig sinnlose Phrasen, weil sie keinen Nutzen für den Kunden bieten.

„In nur fünf Minuten von Ihnen aus erreichbar" oder *„Sparen Sie mit diesem Angebot Geld – z. B. für Ihren nächsten Urlaub"* sind hingegen echte am Nutzen des Kunden orientierte Aussagen.

14.2 Die goldene Formel für Verkaufsgespräche

Jetzt erhalten Sie von mir die goldene Formel zum Aufbau einer jeden Verkaufsargumentation. Egal, ob Sie Vielredner oder im Verkaufsgespräch eher staubtrocken sind. Wenn Sie das nachfolgende Schema beachten, werden Sie mehr und mehr und mehr Abschlüsse machen.
Die goldene Formel im Verkaufsgespräch lautet:

- Wie heißt es?
- Was kann es?
- Was hat der Kunde davon?

Was auch immer Sie argumentieren: Argumentieren Sie stets so und denken Sie auch so.
Im Verkaufsgespräch konnte der Einsatz der Goldenen Formel dann so aussehen:

▶ *„Hier habe ich den Fluxgenerator für Sie, Herr Müller.*
Mit dessen Hilfe können Sie in die Vergangenheit reisen. Dadurch können Sie die Fehler, die Sie dort gemacht haben korrigieren und sich in der Gegenwart ein sorgenfreies, reiches Leben basteln."

Haben Sie die drei Ws erkannt? Ich markiere die einzelnen Ws mal für Sie:

- **Wie heißt es?** Hier habe ich den Fluxgenerator für Sie, Herr Müller.
- **Was kann es?** Mit dessen Hilfe können Sie in die Vergangenheit reisen. Dadurch können Sie die Fehler, die Sie dort gemacht haben korrigieren und…
- **Was habe ich davon?** …sich in der Gegenwart ein sorgenfreies, reiches Leben basteln.

So kommen Sie schnell zum Punkt und quälen Ihre Gesprächspartner nicht mit nutzlosen Fakten, um dann am Ende keinen Abschluss zu erzielen.

Negativbeispiel

"Hier habe ich den Fluxgenerator für Sie, Herr Müller. Der hat 32 KW und besteht aus Wolframdraht. Er ist kalt handgeschmiedet und dreilagig versilbert. Er kann neben Wasser kochen auch noch Käse schmelzen und Zeitreisen organisieren..."

Üben Sie sich darin, den sachlichen und oder rationalen Nutzen eines Produktes für Ihren Kunden herauszufinden und lernen Sie, nutzenorientiert zu argumentieren. Es ist egal, was Sie persönlich von Zeitreisen halten, und ob Sie selbst Ihre Vergangenheit korrigieren wollen oder nicht.

Wenn Ihr Kunde daran Spaß hat und Ihr Produkt das kann, dann sagen Sie es auch und zwar in der zuvor vorgestellten Art und Weise:

- Wie heißt es?
- Was kann es?
- Was hat der Kunde davon?

Alle anderen Methoden des Aufbaus einer Argumentation streichen Sie am besten aus Ihrem Repertoire. Es sei denn, Sie wollen keine Abschlüsse machen.

Wichtig bei der Anwendung der **Goldenen Regel** für den Aufbau von Verkaufsargumenten ist, dass Sie ebenfalls beachten, Argument für Argument aufzubauen und sich dazwischen rückzuversichern, dass Ihr Kunde angebissen hat und Ihnen auch noch folgt.

Viele Verkäufer machen den Fehler, zu viele „Wie heißt es?" und „Was kann es?" in eine Phrase zu legen. Spätestens bei der Nutzenargumentation für all dieses „So-heißt-es-und-das-kann-es" ist der Kunde überfordert.

Rechnen Sie damit, dass Ihr Kunde eine Aufmerksamkeitsspanne von vielleicht 20 s für ein Argument hat. Danach läuft bei ihm der Aufnahmekanal voll. Es kommt – wie bei einem verstopften Rohr – zu einem Stau des Informationsflusses und der Informationsverarbeitung. Alles, was jetzt nicht mehr verarbeitet werden kann, schwappt unverwertbar über.

Negativbeispiel (aber üblich)

"Das Gerät Fluxgenerator hat X5312 eingebaut, einen vierzehnsiebenundzwanziger Superfluxer und einen Ultra-dreiundvierzig-siebenundzwanzig. Mit dem X5312 können Sie Zeitreisen machen, mit dem vierzehnsiebenundzwanziger Superfluxer Käse schmelzen und mit dem Ultra-dreiundvierzig-siebenundzwanzig Wasser kochen. Dadurch können Sie auf Zeitreisen bequem Fondue essen und sich Ihren Lieblingstee kochen."

Positivbeispiel

„*Das Gerät Fluxgenerator hat X5312 eingebaut, mit dessen Hilfe Sie Zeitreisen unternehmen können und damit Fehler aus Ihrer Vergangenheit korrigieren können. So können Sie sich Ihre Gegenwart nachträglich so gestalten, wie Sie sich wünschen.*
Wie finden Sie das, Herr Müller?" („*Super*", sagt Herr Müller).
„*Das dachte ich mir, dass Ihnen das gefällt. Das ist aber noch lange nicht alles: Das Gerät enthält auch einen vierzehnsiebenundzwanziger Superfluxer mit dessen Hilfe Sie Käse schmelzen können. Damit können Sie dann unterwegs noch Fondue zubereiten und gemütlich essen.*
Wie finden Sie das, Herr Müller?" („*Auch super*", sagt Herr Müller).
„*Aber damit noch nicht genug: Dank des eingebauten Ultra-dreiundvierzigsiebenundzwanzig können Sie sogar noch Wasser kochen und somit Ihren Lieblingstee nach dem Fondue zubereiten. Ihrer Entspannung auf den anstrengenden Zeitreisen stehen dadurch Tür und Tor offen.*
Was halten Sie davon, Herr Müller?" („*Ist ja irre*", sagt dieser).
„*Das finde ich auch, Herr Müller...*"

Und nun können Sie den Abschluss einleiten und den Sack zumachen. Ihr Kunde ist reif wie Obst im August und wenn Sie nicht aufpassen, fällt Ihnen das leckere Obst von selbst in den Erntekorb.

Mein Tipp für den Aufbau von Argumentationen ist der, dass Sie sich angewöhnen, ruhig und besonnen Argument für Argument aufbauen und es Ihrem Kunden servieren.

Hüten Sie sich davor, schrotflintenartig alles raus zuhauen, was irgendwie Relevanz haben könnte, in der irrigen Annahme, dass irgendetwas bei Ihrem Kunden trifft.

Diesen Stress vermeiden Sie von vornherein, wenn Sie in der Phase der Bedarfsanalyse handwerklich geschickt Fragetechniken anwenden und sich so mit den Informationen darüber versorgen, was Ihr Kunde will und benötigt.

Da gute Verkäufer gute Frager sind und nicht – wie landläufig oft angenommen Vielredner – widme ich dem Thema „Fragetechniken" die nächsten Seiten. Sie gehören zu dem wichtigsten Handwerkszeug des Verkäufers.

Die Aussage: „Wer fragt, der führt" gilt besonders im Verkauf.

14.3 Fragetechniken im Verkauf

Ich finde, folgende Weisheit passt hervorragend zum Handwerk des Verkaufens:

> Die Natur hat uns nur einen Mund, aber zwei Ohren gegeben, was darauf hindeutet, dass wir weniger sprechen und mehr zuhören sollten (Zenon von Elea).

Ein Verkäufer wird dann erfolgreich sein, wenn er es schafft, die emotionalen und die rationalen Bedürfnisse seines Kunden zu ergründen und dann ein adäquates Angebot zu machen.

Er begibt sich also in den Zustand eines Menschen, der „alles weiß, was er sagt" und nicht einfach nur drauf los argumentiert.

Um herauszufinden, was ein Kunde wünscht, gibt es ein absolut unschlagbares Mittel: Es nennt sich „Fragen".

Ich bin immer wieder überrascht wenn ich erlebe, dass viele Verkäufer dieses so einfache wie effektive Mittel des Fragens im Verkaufsgespräch ignorieren und ihren Kunden lieber resistent und dauerhaft mit Worten befeuern, anstatt sich durch gezieltes Fragen die Informationen zu beschaffen, die dem Kunden wichtig sind und diese dann im Verkaufsgespräch umsatzfördernd einzusetzen.

Machen Sie es besser: Üben Sie sich im Fragen und im handwerklich sauberen Argumentieren und Sie werden immer mehr Gespräche erfolgreich beenden.

14.3.1 Offene Fragen

Offene Fragen sind der Fragetyp, der im guten Verkaufsgespräch am häufigsten zum Einsatz kommt.

Mit offenen Fragen laden Sie den Brunnen „Kunde" geradezu zum Übersprudeln ein. Offene Fragen verschaffen Ihnen die Informationen, die Sie von Ihrem Kunden benötigen, um zu erfahren, was er sich wünscht und braucht.

Offene Fragen heißen deshalb offene Fragen, weil sie als Antwort ganze Geschichten mit wichtigen Informationen zulassen und den Antwortenden nicht auf Ja und Nein beschränken.

Halten Sie den Redefluss Ihres Kunden durch offene Fragen möglichst lange aufrecht. Sammeln Sie so lange wichtige Informationen von Ihrem Kunden, wie Sie es brauchen und holen Sie erst dann zum Angebotsschlag aus.

Offene Fragen erkennen Sie meist daran, dass Sie mit einem „W-Fragewort" beginnen und deshalb auch „W-Fragen" genannt werden. Wichtig für den Einsatz dieser entscheidenden Fragen ist auch hier, dass Sie die Regel beachten, eine Frage nach der anderen zu stellen, anstatt Fragen zu kombinieren. Sonst besteht die Gefahr der Überforderung für Ihr Gegenüber.

Beispiele offener Fragen
„Was genau meinen Sie mit ‚soll lange halten‘, Herr Müller?"
„Wie viele Flugzeuge planen Sie in 2017 noch zu bestellen, Herr Maier?"
„Was wünschen Sie sich bei der Innenausstattung besonders, Frau Schmidt?"

14.3.2 Offene Wertefragen

Weiter vorne haben Sie gelernt, dass Emotionen für den Kauf entscheidender sind als Sachargumente. Eine besondere Form der offenen Frage ist die „Wertefrage". Bei einer klassischen offenen Frage verschaffen Sie sich Sachinformationen, zum Beispiel bei:
„Was soll bei der Innenausstattung vorhanden sein?"
Bei Wertefragen verschaffen Sie sich ein Bild von der rationalen und emotionalen Wichtigkeit eines Aspektes:
„Was ist Ihnen, Herr Müller, bei der Innenausstattung darüber hinaus besonders wichtig?"
Worte wie „wichtig", „wert" usw. lassen den Befragten noch ein wenig tiefer in seine persönlichen Vorstellungen reisen und dort nach Antworten suchen, die für Sie als Verkäufer für die Verkaufsargumentation besonders wertvoll sind.
Wenn Sie sich angewöhnen, Ihr Angebot auf den Antworten nach Wertefragen aufzubauen, könnte sich das sehr positiv auf Ihren Umsatz auswirken.

14.3.3 Metafragen

Metafragen dienen dazu, einen Gesprächspartner aus der Befangenheit einer Denkrichtung herauszuholen und ihm die Möglichkeit zu geben, sich selbst als Beobachter neben oder über die Situation zu stellen.
Diese Art der Fragen ist auch im Coaching und in der Therapie sehr verbreitet und erzeugt mitunter verblüffende Ergebnisse.
Eine Metafrage ist dadurch charakterisiert, dass sie einen Gesprächspartner dazu einlädt, sich die aktuelle Fragestellung einmal von einer anderen, objektiveren Seite aus anzuschauen.

14.3 Fragetechniken im Verkauf

Ein Beispiel aus der Nähe der Abschlussphase eines Verkaufsgespräches:
„Herr Müller, was würde Ihnen wohl Ihr bester Freund raten, wenn Sie ihm sagten, dass Sie heute das Auto gefunden haben, welches Sie schon lange suchen und das vollständig Ihren Erwartungen entspricht und das jetzt sofort verfügbar und für Sie bezahlbar ist, wenn Sie ihn fragen würden, ob Sie nochmal eine Woche darüber nachdenken sollten?"

Das ist übrigens die einzige Fragetechnik neben dem Paraphrasieren, in der es sinnvoll ist, mal ein paar Argumente zusammenzufassen. Allerdings nur maximal drei, und dann die knackigsten für den Kunden (welche das sind, wissen Sie ja aus der bisherigen Bedarfsermittlung).

Dosieren Sie diese Fragetechnik wohl und verwenden Sie sie überwiegend, um ein letztes Zögern Ihres Kunden für eine an sich schon getroffene Entscheidung zu forcieren. So können Sie Ihre Abschlussquote drastisch nach oben korrigieren.

14.3.4 Geschlossene Fragen

Geschlossene Fragen zeichnen sich dadurch aus, dass sie dem Gesprächspartner nur die Möglichkeit lassen, mit Ja oder Nein zu antworten. Im Verkauf sollten sie – außer als Vorbereitung für den Verkaufsabschluss – so gut wie nicht vorkommen.

Ich demonstriere das einmal anhand des Leberwursteinkaufs in einer Metzgerei:

Variante des Leberwurstverkaufs mit geschlossenen Fragen
Kunde: *„Guten Tag, ich hatte gerne 150 Gramm Leberwurst."*
Verkäufer: *„Geräuchert oder natur?"*
Kunde: *„Geräuchert bitte."*
Verkäufer: *„Grob oder fein?"*
Kunde: *„Fein..."*
Verkäufer: *„Im Naturdarm oder in der künstlichen Haut?"*
Kunde: *„Naturdarm bitte."*
Verkäufer: *„Mit Kräutern oder ohne?"*
Kunde: *„Ohne Kräuter..."*

Variante des Leberwurstverkaufs mit offenen Fragen
Kunde: *„Guten Tag, ich hätte gerne 150 Gramm Leberwurst."*
Verkäufer: *„Was ist Ihnen denn an der Wurst besonders wichtig?"*

Kunde: *„Mhh... lecker soll sie sein, sehr herzhaft und ich möchte etwas im Mund spüren, wenn ich drauf beiße."*
Verkäufer: *„Ohh, ein Feinschmecker... da kann ich Ihnen unsere grobe, geräucherte im Naturdarm empfehlen. Sehr herzhaft und bissig. Möchten Sie sie lieber mit oder ohne leckere Waldkräuter oder wollen Sie gleich von jeder Sorte eine Portion mitnehmen?"*

Die zweite Variante mit den offenen Fragen ist die weitaus elegantere für den Verkäufer.

Ich bin zudem fest davon überzeugt, dass auch für den Kunden die zweite Variante die angenehmere ist. Ein Verkaufsgespräch, das überwiegend mit geschlossenen Fragen geführt wird, wird auch schon mal als anstrengendes „Ausfragen" empfunden.

Führen Sie hingegen ein Verkaufsgespräch mit überwiegend offenen Fragen, laden Sie Ihren Kunden ein, das zu erzählen, was er erzählen möchte. Das tun die Menschen normalerweise sehr gerne und fühlen sich auch noch wohl dabei.

14.4 Paraphrasieren

Paraphrasieren nennt man die Fragetechnik, mit deren Hilfe man Gesagtes eines anderen mit eigenen Worten wiedergibt, ohne zu interpretieren.

Das Paraphrasieren dient zum einen dazu, den Verkäufer abzusichern, dass er die Wünsche seines Kunden richtig verstanden hat, und zum anderen dazu, Denkpausen in ein Gespräch einzubringen.

Gerade wenn Ihr Kunde ein Vielredner ist, ist das Paraphrasieren eine hervorragende Möglichkeit, seinen ungezügelten Redefluss zu unterbrechen und die Führung im Gespräch wieder zu übernehmen.

Ein Fehler, der beim Paraphrasieren häufig gemacht wird ist der, seine eigene Deutung zu stark in die Wiederholung einfließen zu lassen. Damit wird der Sinn des Paraphrasierens zunichte gemacht.

14.4.1 Beispiele für Paraphrasieren

Richtiges Paraphrasieren
Verkäufer: *„Herr Müller, bitte lassen Sie mich mal kurz prüfen, ob ich Sie richtig verstanden habe. Ich habe verstanden, dass es Ihnen besonders wichtig ist, dass Sie Ihren neuen Monitor auch hochkant nutzen können und, dass er*

mit Energieeffizienzklasse A++ ausgezeichnet ist. Habe ich Sie da richtig verstanden?"
Kunde: *"Ja, genau..."*
Verkäufer: *"Und dann habe ich noch in Erinnerung, dass Sie besonderen Wert darauf legen, dass es sich dabei um einen matten Bildschirm handelt, richtig?"*
Kunde: *"Oh ja, auf jeden Fall..."*
Verkäufer: *"Dann habe ich genau das richtige für Sie..."*
Abschluss einleiten...

Falsches Paraphrasieren
Verkäufer: *"Herr Müller, bitte lassen Sie mich mal kurz prüfen, ob ich Sie richtig verstanden habe. Ich habe verstanden, dass Sie einen Monitor von Marke xy wollen, der in alle Richtungen verwendbar ist..."*
Kunde: (unterbricht) *"Nein, die Marke ist mir egal, ich sagte, mir ist wichtig, dass..."*
Besonders ungeschickt wäre es nun, dem eventuell schon gereizten Kunden zu entgegnen:
"Sag ich doch...sie wollen einen Monitor von Marke xy..."

In diesem Fall kann das Verkaufsgespräch schon fast erfolglos beendet werden. Es sei denn, der Verkäufer verfügt über ein gesundes Maß an Selbstreflexionsfähigkeit und legt sofort eine andere Gangart ein.

14.4.2 Bedeutung des Fragens für den Verkauf

Die uralte Regel: „Wer fragt, der führt", kann gar nicht oft genug wiederholt werden. Verkäufer, die in den verschiedensten Fragetechniken trainiert sind und sie gezielt einsetzen, verschaffen sich neben Sachinformationen mit Bezug auf die Kundenanfrage auch eine Menge an Informationen, die auf die emotionale Ebene des Menschen zielen.

Auf Metainformationen achten
Metainformationen sind Informationen, die über den eigentlichen Sachinformationen stehen.
Wenn Sie ein rotes Kleid anziehen, lautet die Metainformation z. B., dass sie jetzt kein blaues Kleid tragen.

Ein Kunde, der Ihnen sagt, dass es ihm wichtig ist, dass auch sein „*Enkelsohn das Auto fahren kann*" sagt Ihnen gleichzeitig, dass er Kinder hat und dass er wahrscheinlich verheiratet ist.

Ein Kunde, der Ihnen erzählt, dass es ihm wichtig ist, dass seine Tochter einmal seinen Baubetrieb übernehmen kann, sagt Ihnen gleichzeitig, dass er eine Tochter hat und, dass er selbstständig ist.

Auch wenn diese Informationen mit der aktuellen Produktanfrage zunächst nichts zu tun haben, so können sie dieses z. B. für das spätere Cross- und Upselling verwenden.

Wenn Sie konsequent mit offenen Fragen gearbeitet haben, liefert Ihnen Ihr Kunde neben den wichtigen Informationen zu dem, was ihn umtreibt, Ihr Produkt zu kaufen, eine Reihe von weiteren Informationen, die Sie vielleicht an anderer Stelle einsetzen können, z. B. so…

„*Herr Müller, Sie sprachen vorhin von Ihrer Tochter. Ich will die Gelegenheit nutzen und Sie über unsere Sonderangebot für Töchter von Bauunternehmern aufmerksam machen…*"

Weitere Metainformation sind z. B. Hundegebell im Hintergrund eines Telefonates. Sie könnten fragen: „*Ich höre da einen Hund im Hintergrund… ist das Ihrer?*"

Sollte der Gesprächspartner seinen in Kürze eintretenden Renteneintritt erwähnen, dann fragen Sie doch: „*Schon mal über einen Lebensabend auf einer kleinen, schnuckeligen Finca auf Mallorca nachgedacht…?*" usw.

Eine wesentliche Eigenschaft erfolgreicher Verkäufer ist es, dass sie Menschen zuhören, um sich so strategische Informationsvorsprünge zu verschaffen und damit mehr Umsätze zu generieren.

14.5 Hypnotische Sprachmuster im Verkauf

Hypnotische Sprachmuster sind die Königsklasse im Verkaufsgespräch. Mithilfe hypnotischer Sprachmuster können Sie Ihren Kunden in seine eigene glänzende Zukunft entführen, in der er Ihr Produkt schon gekauft hat und die Vorzüge dieses Produktes oder der Dienstleistung schon erleben kann, bevor er sie gekauft hat.

Gehen Sie mit mir auf die spannende Reise hypnotischer Sprachmuster und begeben Sie sich gleichzeitig mit mir auf die Reise in Ihr Leben, in dem mehrere Elefanten in Ihrem Keller damit beschäftigt sind, die immer wieder nachrückenden Geldscheine platt zu treten, die sie durch Ihre Verkaufserfolge angesammelt haben.

14.5 Hypnotische Sprachmuster im Verkauf

Reisen Sie zusammen mit mir in Ihre Zukunft, in der Sie sich jeden Wunsch erfüllen können, den Sie sich erfüllen wollen, weil Sie ein immer erfolgreicherer Verkäufer geworden sind. Was auch immer Ihnen sehr wichtig ist: Mithilfe der Anwendung hypnotischer Sprachmuster wird Ihnen der Weg offen stehen, um sich endlich Ihre materiellen Träume zu erfüllen. Das ist vielleicht etwas dick aufgetragen, in jedem Fall sollten Sie aber das folgende Kapitel beherzigen.

14.5.1 Eine kurze Einführung in Hypnose

Zunächst erkläre ich Ihnen, was Hypnose tatsächlich ist. Alleine hierzu könnte ich als ausgebildeter Hypnose-Master natürlich gleich ein eigenes Buch schreiben. Ich beschränke mich aber auf eine rudimentäre und hilfreiche Erklärung für den Verkauf.

▶ Hypnose ist eine Methode, mit deren Hilfe man Menschen mental in eine nicht physisch vorhandene Realität entführen kann.

Wenn Sie z. B. bei minus 25 Grad Celsius mit Ihrer Familie vorm Kamin sitzen und zusammen in den Vorstellungen schwelgen, wie wohl Ihr nächster Familienurlaub auf Mauritius verlaufen wird, wie Sie auf Riesenschildkröten reiten und im warmen Meer plantschen, dann befinden Sie sich schon in einer hypnotischen Trance.

Diese Zustände kann man mit Sprache induzieren, also herbeizuführen. Hypnotische Sprache geht direkt ins Unterbewusstsein des Gegenübers und ist damit unmittelbar in dem Bereich angekommen, wo auch die Emotionen lagern.

Verkaufsabschlüsse – das haben Sie ja bereits gelesen – werden zu 70 % emotional getroffen.

Im Verkaufsgespräch reicht es schon, wenn Sie den möglichen Kunden dazu bringen, sich für einen Augenblick vorzustellen, wie sich sein Leben verbessert, wenn er Ihr Produkt oder Ihre Dienstleistung gekauft hat.

Beispiele für hypnotische Sprachmuster im Verkauf
„Herr Müller, können Sie sich vorstellen, wie gut sich die Blicke auf Ihrem Körper anfühlen, wenn Sie mit diesem schönen Cabriolet morgen früh auf dem Firmenparkplatz vorfahren?"
„Ich weiß nicht, was Ihnen besonders wichtig ist, Herr Müller. Aber stellen Sie sich mal vor, Sie hätten dieses wunderschöne Sofa schon zu Hause stehen, säßen

darin und alles würde sich für Sie wunderbar anfühlen, weil es genau so ist, wie Sie es sich wünschen..."
„Herr Müller, das wäre doch was, wenn Ihre Freunde zu Ihnen kämen und sagen würden: ‚Mensch Harald, wo hast Du denn dieses tolle Sofa her?' Und Sie sagen könnten: ‚Sonderanfertigung... nur für mich gemacht...'."

14.5.2 Aufbau hypnotischer Sprachmuster

Eine genaue Beschreibung des Aufbaus hypnotischer Sprachmuster würde den Rahmen dieses Buches sprengen. Interessenten möchte ich das Buch „Hypnotalk" meines Freundes und Kollegen Stefan F.M. Dittrich ans Herz legen. Ebenso wie „Cold Reading: Die Sprachmuster und Tricks hinter Hellseherei und Wahrsagerei" von ihm. Die wichtigsten Regeln für den Aufbau von hypnotischen Sprachmustern gebe ich Ihnen hier gerne an die Hand:

14.5.2.1 Vage bleiben
Bleiben Sie in Ihren Aussagen unkonkret. Überlassen Sie es Ihrem Gegenüber, das Bild, das er von einer Sache haben soll, selbst in seinem Geiste zu formulieren.

Statt
„Stelle Dir vor, wie Du mit zwei Frauen auf Deinem neuen Sofa sitzt."
sagen Sie besser
„Stelle Dir vor, wie Du mit den Personen auf dem Sofa sitzt, die Du Dir wünschst."
Es kann ja sein, dass Ihr Gegenüber nichts mit Frauen am Hut hat und ihn die Vorstellung daher eher abschreckt.
Statt
„Und stellen Sie sich vor, wie Sie auf Mallorca mit diesem schnuggeligen Wagen durch die Tramuntana cruisen..."
sagen Sie besser
„Und stellen Sie sich vor, wie Sie mit diesem schnuggeligen Wagen durch Ihre Lieblingslandschaft fahren..."

14.5.2.2 Sprechen Sie zusätzlich im VAKOG-System Ihres Kunden
Weiter vorne habe ich Ihnen das VAKOG-System aus der NLP beschrieben. Je näher Sie mit Ihrer Sprache am Repräsentationssystem Ihres Kunden sind, umso

leichter finden Sie Zugang zu Ihrem Kunden (Rapport), und umso leichter fällt es ihm, sich die Dinge vorzustellen, die Sie bei ihm erzeugen wollen.

Einem überwiegend visuellen Menschen müssen Sie Bilder anbieten, einem überwiegend auditiven Menschen bieten Sie besser Hörerlebnisse an.

- **Beispiel Ansprache eines visuellen Menschen:**
  „Vielleicht können Sie schon sehen, wie Sie mit Ihrem neuen Wagen durch die märchenhaft schone Tramuntana cruisen..."
- **Beispiel Ansprache eines auditiven Menschen:**
  „Vielleicht können Sie sich schon jetzt die vielen Geräusche vorstellen, das Rauschen der Bäume, das Singen der Vogel, wenn Sie mit Ihren neuen Wagen..."
- **Beispiel Ansprache eines kinästhetischen Menschen:**
  „Vielleicht können Sie sich jetzt schon vorstellen, wie es sich anfühlt, wenn Sie mit Ihrem neuen Wagen über die Straßen der Tramuntana cruisen.... das komfortable Gefühl der weichen Sitze, das leichte Abrollen der Reifen, die gefühlvoll ansprechende Lenkung..."
- **Beispiel Ansprache eines olfaktorischen Menschen:**
  „Vielleicht können Sie Sich schon vorstellen wie es ist, wenn Sie das Verdeck Ihres Cabrios hochklappen und die Gerüche von Waldluft und mediterranen Kräutern wahrnehmen, während Sie durch die Tramuntana cruisen..."
- **Beispiel Ansprache eines gustatorischen Menschen:**
  „Vielleicht können Sie sich den Geschmack der von mediterranen Kräutern durchtränkten Luft vorstellen, wenn Sie mit Ihrem offenen Cabriolet durch die Tramuntana cruisen..."

14.5.2.3 Verknüpfen Sie Ereignisse miteinander

Wenn der Verstand Ihres Kunden die Verknüpfung zwischen Ihrem Angebot und seiner Glückseligkeit nicht selbst herstellen kann, machen Sie es doch einfach für ihn.

Im Unterbewusstsein gilt das Prinzip der Wortwörtlichkeit. Wenn das Unterbewusstsein Ihres Gegenübers Verbindungen hört, so sind sie real, denn das Unterbewusstsein unterscheidet nicht zwischen „nur dem Wort" und „dem, was wirklich ist".

Verknüpfen Sie daher so viel wie möglich, z. B. so:

„Und wenn Sie dann mit diesem schnuggeligen Wägelchen in Ihrer Lieblingslandschaft unterwegs sind, können Sie vielleicht sogar schon spüren, wie sich auch Ihr beruflicher Erfolg deutlich bemerkbar macht, und wie Sie immer mehr und mehr Ansehen genießen werden ..."

Auch wenn diese Dinge nichts miteinander zu tun haben, so verbinden sie sich im Unterbewusstsein dennoch zu einer untrennbaren Einheit von Ursache und Wirkung.

Die Emotionen, die bei der Vorstellung im Kopf Ihres Gesprächspartners entstehen, wenn er an seinen beruflichen Erfolg, die Anerkennung und seine Fahrt durch die Tramuntana denkt, öffnen vielleicht seine Brieftasche für Sie.

14.5.2.4 Schaffen Sie Realitäten im Kopf Ihres Kunden

Entführen Sie Ihren Kunden sprachlich in den ersehnten Endzustand. Für das Unterbewusstsein sind erdachte und physikalische Realität dasselbe. Induzieren Sie bei Ihrem Kunden die Geschichte, die ihn in seine glänzende Zukunft mit Ihrem Produkt entführt. Erfolgreiche Verkäufer erzeugen Emotionen in den Köpfen ihrer Kunden.

Hypnotische Sprachmuster sind ein sehr gutes Mittel dazu.

Weiterführende Literatur

Dittrich, Stefan F.M. 2013. *HypnoTalk: Das Milton-Modell, Cold Reading & andere hypnotische Sprachmuster.* BOD.

Dittrich, Stefan F.M. 2015. *Cold Reading: Die Sprachmuster und Tricks hinter Hellseherei und Wahrsagerei.* Amazon.

Einwandbehandlung 15

Die Fähigkeit zur Einwandbehandlung entscheidet mindestens genauso stark über den Erfolg oder Misserfolg eines Verkaufsgespräches, wie das ganze Vorspiel.

Gerade bei der Einwandbehandlung erstarren viele Verkäufer wie das Kaninchen vor der Schlange und lassen die reife Frucht, die sie im Verkaufsgespräch gesät und groß gezogen haben, ungeerntet liegen.

Die meisten Einwände sind nichts weiter als Informationsbedarfe des Kunden, die entweder eine Sympathiebekundung für das gewählte Produkt darstellen oder die Chance auf ein anderes Angebot für den Kunden.

Falls Sie bisher Angst vor Kundeneinwänden hatten oder im Umgang mit Kundeneinwänden unsicher waren, machen Sie sich klar: Der Einwand ist DIE Chance für Sie. Von außen betrachtet stehen Sie kurz vor dem Abschluss, Sie können jetzt nur noch versagen oder es richtig machen.

15.1 Was ist ein Einwand?

Ein Einwand zeugt davon, dass Ihr Kunde noch eine Information benötigt, bevor er sich dazu entscheidet, zu unterschreiben.

Je besser Sie das Verkaufsgespräch bisher geführt haben, desto geringer ist die Chance, dass Ihr Kunde überhaupt einen Einwand bringt.

Da noch immer viele Verkäufer mehr sagen als fragen und somit der Kunde leider zu oft zu wenig Möglichkeit erhält, seinen Informationsbedarf vor dem Kaufabschluss zu befriedigen, liegen den meisten Einwänden schlicht handwerkliche Fehler im bisherigen Verkaufsgespräch zugrunde.

Ein Einwand ist eine aktuelle Form des NEIN. Laut Martin Limbeck (Limbeck 2013), Top-Verkäufer und Hardselling-Experte, kann man ein NEIN in das Anagramm N.E.I.N. übersetzen, wohinter sich dann verbirgt: **N**och **E**in **I**mpuls **N**ötig.

Aus der für den Verkäufer günstigen Sichtweise ist ein Einwand eine weitere Möglichkeit, die Argumente zu liefern, die Ihr Kunde benötigt, um sich endlich dazu zu entschließen, bei Ihnen einen Kauf zu tätigen.

Sie können sich nun genervt fühlen vom Informationsbedarf Ihres Kunden oder Sie können sich entscheiden, diesen als Chance zu sehen. Das ist alleine Ihre Entscheidung und hängt – wie so oft – nur von Ihrer Sichtweise auf die Dinge ab (Erinnern Sie sich noch an das Reframing in Abschn. 12.2.2?).

Und da ist sie wieder, die alte Frage, ob das Glas nun „halb leer oder halb voll" ist…

Also: Ein Einwand bedeutet: Ihr Kunde braucht noch eine Info oder einen Impuls und Sie haben es nun noch besser in der Hand, Ihrem Kunden den einen Impuls oder die entscheidenden Impulse zu liefern, damit er Ihnen das Beste gibt, das er für Sie hat: sein Geld.

15.2 Unterscheiden Sie Einwand von Vorwand

Manchmal kommt es vor, dass Kunden etwas liefern, das sich zwar wie ein Einwand anhört, aber tatsächlich ein Vorwand ist. Wenn Sie mit Einwandtechniken und guten Argumenten auf einen Vorwand reagieren, verschwenden Sie mit hoher Wahrscheinlichkeit Ihre wertvolle Zeit.

Gründe für einen Vorwand könnten sein:

- Ihr Kunde will und braucht Ihr Produkt, kann es sich aber auf Teufel komm raus nicht leisten.
- Ihr Kunde ist von Ihrem Angebot überzeugt, „darf" aber nicht kaufen (gerade im B2B-Bereich möglich). Dieses Hierarchiegefälle will er Ihnen aber aus Scham nicht mitteilen.

Wie schon oben erwähnt, können Sie einen Vorwand mit einer Einwandbehandlung nicht umwandeln, Sie können ihn aber aufdecken. Hierzu besonders geeignet ist die sogenannte Isolierungstechnik, die Sie noch kennenlernen werden.

15.3 Warum braucht es überhaupt eine Einwandbehandlung?

Auf die Frage, warum Sie sich überhaupt so viele Gedanken zum Thema „Einwandbehandlung" machen sollten, habe ich eine verblüffend einfache Antwort:
Sie sind Verkäufer und als solcher ist es Ihr Job, alles (faire und legale) dafür zu tun, damit der sich androhende Umsatz bei Ihnen landet. Sie sind weder Berater (sonst erhielten Sie ein Honorar für Ihre Leistung) noch sind Sie Produkttrainer (sonst würden Sie ebenfalls ein Honorar für Ihr Training erhalten).

Sie sind über den Hund gegangen (das bisherige Verkaufsgespräch) und nun gehen Sie auch noch über den Schwanz (bis zum Abschluss).

Und das ist der Job des Verkäufers und auch Ihr Job, denn Sie wollen ja mit Ihren Produkten oder Ihrer Dienstleistung mit zufriedenen Kunden Geld verdienen.

Also: Die Einwandbehandlung hat das Ziel, aus einem Interessenten einen zufriedenen und zahlenden, abschließenden Kunden zu machen.

15.4 Grundlagen erfolgreicher Einwandbehandlung

15.4.1 Grundlage 1: Vom Ziel her denken

Machen Sie sich noch einmal bewusst, warum Sie im Dialog mit Ihrem Interessenten und künftigen Kunden bleiben: Sie wollen abschließen…möglichst jetzt!

Also sollten Sie Ihre Einstellung darauf ausrichten. Eine erfolgreiche Einwandbehandlung beginnt und endet mit dieser Einstellung. Wenn Sie vom Ziel her denken, entwickeln Sie eine ganz andere Energie als wenn Sie z. B. denken: *„Na schauen wir mal, was dabei herauskommt…"*.

15.4.2 Grundlage 2: Wertschätzung und Annahme

Die zweite wesentliche Grundlage für eine erfolgreiche Einwandbehandlung hat wieder etwas mit Ihrer mentalen Einstellung zu tun:

Schätzen Sie den Wert des Einwandes Ihres Kunden als positiv für das Verkaufsgespräch ein; sehen Sie den Einwand als Chance und bringen Sie Ihrem Kunden die entsprechende Wertschätzung dafür entgegen.

Diese Wertschätzung drückt sich in einer wohlwollenden Annahme des Einwandes aus und hört sich z. B. so an: „*Danke Herr Kunde, dass Sie das noch ansprechen. Ich will diese Frage gerne für Sie klären.*"
Ohne Ihre wertschätzende Haltung und Ihre freundliche Annahme des Einwandes wird das nichts im Sinne des Ziels, das Sie verfolgen.

Ich behaupte sogar, dass eher ein aufrichtig wertschätzender Verkäufer mit rhetorischen Fehlern den Abschluss macht, als ein rhetorisch ausgebuffter, der seinen Kunden insgeheim ablehnt.

Machen Sie sich noch einmal bewusst, dass das gesprochene Wort zu weniger als 10 % entscheidend ist. Und, dass Stimme, Ausdruck, Körperhaltung etc. 90 % des Ergebnisses im Dialog zwischen zwei Menschen bestimmen. Diese 90 % speisen sich größtenteils aus Ihrer inneren Haltung und sind für Ihr Gegenüber spürbar.

Sie können dem Verstand Ihres Gegenübers vielleicht etwas vorspielen – seiner Gefühlswelt jedoch nicht.

15.4.3 Grundlage 3: Mit dem Kunden denken, statt für den Kunden denken

Die Regel von weiter vorne wiederholt sich. Hier stelle ich sie nun in den Zusammenhang mit dem Thema Einwandbehandlung.

Es ist hilfreich und gut, wenn Sie die Welt durch die Augen Ihres Kunden zu verstehen versuchen. Viele Verkäufer machen jedoch den Fehler, dass sie „für den Kunden denken" und nicht „mit dem Kunden denken". Diese Haltung drückt sich z. B. in solchen Phrasen aus wie:

„*...dann werden Sie wohl die Produktion im nächsten Jahr verdoppeln, also brauchen Sie A, B und C. Bieten Sie Ihrem Kunden noch einen Schokoladenüberzug an und stellen Sie gleich noch drei Leute mehr ein ....*"

Stattdessen üben Sie sich lieber in geschickten und informationsbringenden Fragen, um herauszufinden, was Ihren Kunden um- und antreibt, um ihm dann Lösungen zu bieten. Die Techniken des Wer-fragt-der-führt-Prinzips habe ich in diesem Buch ja schon beschrieben.

Also: Stellen Sie Ihrem Kunden eine Frage, schenkt er Ihnen eine Information. Diese sammeln Sie und bauen Sie mit anderen Antworten aus anderen Fragen, die Sie gestellt haben, zusammen. Das verbinden Sie dann mit Ihrer finalen optimalen Lösung für Ihren Kunden. Sie denken mit ihm, sehen und verstehen die Welt durch seine Augen, aber sie nehmen ihm das Denken nicht ab.

15.5 Techniken zur Einwandbehandlung

Alle Techniken zur Einwandbehandlung, die ich Ihnen vorstelle, haben den Charakter, dass Sie im Dialog mit dem Kunden bleiben und geeignet sind, Ihren Kunden selbst Antworten auf Fragen geben zu lassen, die ihn und seine Kaufabsicht betreffen.

Es gibt nicht *„die eine"* Technik zur Einwandbehandlung, die alles löst und den Abschluss sicher macht. Vielmehr ist es so, dass die situativ angewandte Kombination wirkungsvoller Techniken die Chance auf einen Abschluss erhöht.

Roboterartiges Abspulen von Einwandbehandlungstechniken, wie sie gelegentlich gelehrt werden, führen nach meiner Einschätzung weniger zum Abschluss, als wenn Sie sie situativ angepasst und in Ihrem Sprachstil einsetzen.

In jedem guten Verkaufsseminar, in jedem Seminar zur geschickten Rhetorik wird es gelehrt und jeder Coach weiß: „Wer fragt, der führt." Daher ist ein weiteres Merkmal der hier vorgestellten Einwandbehandlungstechniken die des Fragens. „Von Frage zu Frage wachsen wir – nicht von Antwort zu Antwort", wusste schon Albert Einstein.

15.5.1 Gerade-weil-Technik

Die Gerade-weil-Technik ist eine relativ einfache Technik der Einwandbehandlung, die Ihren Kunden dazu bringen kann, einen von ihm eingebrachten Einwand einmal in einem anderen Licht zu betrachten. Sie bringen Ihren Kunden dazu zu „reframen", wie die NLP-ler das so sagen. Das haben Sie ja weiter vorne schon gelernt.

Nun wenden Sie das Reframen so an, dass Sie Ihren Kunden dazu bringen, eine neue Sichtweise anzunehmen.

Beispiel für die „Gerade-weil-Technik"
Ihr Kunde sagt:
„Ihr Preis ist ja viel zu hoch."
Zuvor sagte Ihr Kunde bereits, dass ihm ein hochwertiger und allzeit verfügbarer Service extrem wichtig ist.
Nun können Sie sagen:
„Herr Kunde, ich kann gut verstehen, dass Sie den Preis ansprechen. Vielen Dank auch für Ihr ehrliches Wort.

Vorhin sagten Sie mir, dass Ihnen ein 24/7-Service besonders wichtig ist. Schließlich erzeugt jeder Maschinenstillstand bei Ihnen einen enormen Produktionsausfall. Gerade weil unser Preis etwas höher ist, können wir Ihnen diesen hochwertigen Service, wie Sie ihn brauchen, anbieten."

Die Gerade-weil-Technik ist eine Einwandbehandlung, die Sie für praktisch jeden von Ihrem Kunden eingebrachten Einwand anwenden können.

Das Risiko dieser Technik besteht darin, dass ein diskutierfreudiger Kunde (oder ein Gegenteilsortierer) mit Ihnen in ein Ping-Pong-Spiel übergeht und Ihnen jedes Gegenargument zerlegt.

15.5.2 Katastrophenfrage

Manchmal wenden Kunden ein, sie müssten noch mal „eine Nacht drüber schlafen" oder „mit ihrer Frau reden", bevor sie sich entscheiden können.

Es würde in diesem Buch wieder zu weit führen, darauf einzugehen, wodurch solche „Ängste" ausgelöst werden, und bei welchem Menschentyp sie besonders häufig vorkommen.

Für dieses Büchlein soll es reichen, Ihnen Möglichkeiten an die Hand zu geben, wie Sie mit diesem Einwand umgehen können.

Der Schlüssel dazu ist – wieder einmal – die richtige Frage. Fragen Sie Ihren Kunden einfach: *„Lieber Kunde. Das kann ich gut verstehen, dass Sie wichtige Entscheidungen zuerst mit Ihrem Partner besprechen müssen. Mhhh... ich überlege gerade: Wenn Sie sich nun einfach entscheiden würden – was könnte dann schlimmstenfalls passieren?"*

Noch besser ist es, wenn Sie in dieser Frage noch mal die wichtigsten Vorteile zusammenfassen, also z. B. so: *„Lieber Kunde. Das kann ich gut verstehen, dass Sie wichtige Entscheidungen zuerst mit Ihrem Partner besprechen müssen. Mhhh... ich überlege gerade: Was könnte schlimmstenfalls passieren, wenn Ihre Frau heute Abend nach Hause kommt und Sie ihr mitteilen, dass Sie für den geringen Aufpreis pro Monat dafür gesorgt haben, dass Sie auch im Urlaub unbeschwert mit Ihrem Smartphone surfen können, ohne Angst vor hohen Rechnungen haben zu müssen?"*

Ihr Kunde sagt vielleicht nun so etwas wie: *„Na wenn Sie mich so fragen... eigentlich nicht viel..."*

Jetzt sollten Sie den Sack zu machen und sich den Umsatz holen, sonst macht es ein anderer!

15.5.3 Isolierung – die Universalwaffe der Einwandbehandlung

Diese Einwandbehandlung ist besonders gut geeignet, um einen Einwand von einem Vorwand zu unterscheiden und den Abschluss vorzubereiten oder für Sie die Entscheidung zu treffen, in dieses Verkaufsgespräch keine Energie mehr zu investieren.

Sie „zwingen" Ihren Kunden dazu, Farbe zu bekennen: Will und kann er tatsächlich kaufen?

Ihr Kunde wendet wieder ein:
„Ihr Preis ist mir zu hoch..."
und Sie fragen einfach:
„Herr Kunde, mal angenommen, wir wären beim Preis dort, wo Sie sich wohl fühlten – würden Sie dann hier und jetzt kaufen?"
Nun antwortet er entweder:
„Ja, das würde ich" dann machen Sie mit einem guten Angebot den Erntekorb zu.

Oder er liefert Ihnen weitere Einwände, die Sie dann mit den zuvor beschriebenen Techniken bearbeiten können und den Abschluss einleiten können. Oder er druckst rum, z. B. mit *„Ähh – na ja, ich weiß nicht... irgendwie...".*

Im diesem Fall können Sie schon mal anfangen darüber nachzudenken, was Sie mit der gewonnenen Zeit anfangen, nachdem Sie das Gespräch nun höflich beendet haben. Denn dann bestand vermutlich nie eine tatsächliche Kaufabsicht.

Wertefrage
„Was – außer XYZ – ist Ihnen noch wichtig?" Das ist die sogenannte Wertefrage!

Das ist meine absolute Lieblingseinwandbehandlung. Diese hat für mich den Charakter eines Jokers. Es ist die Technik, die den Kunden dazu verleitet, Ihnen viele qualitativ gut verwertbare Antworten zu liefern, die Sie in Ihr Angebot für die Abschlussphase einbauen können.

Diese Technik bereitet das Relativieren des bisher vom Kunden als „soo wichtig" eingebrachten Einwands. Dadurch, dass er Ihnen die Frage beantwortet, relativiert er selbst die Wichtigkeit des von ihm zuvor eingebrachten Einwands. Wichtig: Fragen Sie nach dem „Wert" für den Kunden, nicht nach der „Sache", die ihn interessieren könnte.

Beispiel Wertefrage innerhalb der Isolierungstechnik
Ihr Kunde sagt wieder:
„Ihr Preis ist mir zu hoch..."
und Sie antworten jetzt: *„Was, Herr Kunde, ist Ihnen außer dem Preis noch besonders wichtig?"*
oder
„...worauf legen Sie noch besonderen Wert?"
Nun liefert er Ihnen eine Antwort, die wirklich einen Wert für ihn hat, z. B.
„Na ja...ein 24/7er-Service hat für mich einen hohen Stellenwert weil..."

Nun haben Sie den Dialog, den Sie brauchen. Ihr Kunde schenkt Ihnen wertvolle Informationen, bleiben Sie nun dran.

15.5.4 Grabungstechnik

Machen Sie es wie tausende gute Verkäufer, um Menschen „zu knacken". Bleiben Sie dran, indem Sie weiter und weiter graben.

Zum Beispiel mit: *„Danke Herr Kunde, das kann ich gut nachvollziehen. Was außer dem 24/7er-Service ist für Sie noch besonders wichtig?"* usw. Reihen Sie freundlich Frage an Frage.

Keine Angst: Ihr Kunde signalisiert Ihnen schon, wenn er keine Antworten mehr hat. Sie erhalten hier wertvolle Informationen, die Sie in Ihr Angebot einarbeiten können.

Stück für Stück erfahren Sie von Ihrem Kunden, was für ihn wichtig ist und was Sie in Ihr Angebot einbauen müssen, damit er am Ende von Ihnen kauft.

Gleichzeitig entfernt er sich mehr und mehr von seinem ursprünglichen Einwand. Er relativiert dessen ursprüngliche Wichtigkeit selbst. Ein weiterer Vorteil für Sie bei dieser Technik ist die, dass Sie gar keine weiteren Argumente mehr ins Spiel bringen müssen – Sie brauchen nur noch das zu beantworten, was Ihr Kunde will. Wenn Sie jetzt in Abschlusstechniken geschult sind, fällt es Ihnen leicht, den Sack endlich zu zu machen und die Ernte der reifen Früchte einzufahren.

15.5.5 No-Gos bei der Einwandbehandlung

Einige Verkäufer haben noch nicht verstanden, dass es im Verkauf vor allem darum geht, aus einem Interessenten einen zahlenden Kunden zu machen.

Ich möchte Ihnen hier nur zwei von unzähligen Möglichkeiten vorstellen, die Sie schnellstens gegen bessere Verhaltensweisen ersetzen sollten, falls Sie diese bisher anwenden.

Trotzig reagieren
Eine beliebte Umsatzverhinderungstechnik unprofessionellen Verkaufspersonals: Der Kunde stellt eine Frage (N.E.I.N. Noch ein Impuls nötig) und der Verkäufer reagiert genervt, trotzig und gestresst. Wer trotzig auf Kundeneinwände reagiert, anstatt sie umsatzorientiert und rhetorisch sauber zu beantworten, sollte an seinem Zustandsmanagement arbeiten (Abschn. 12.1).

Ja-aber-Technik
Teilweise wird die folgende Technik der Einwandbehandlung leider immer noch empfohlen:

Der Kunde sagt:
„Ihr Preis ist mir zu hoch."
und der Verkäufer antwortet:
„Ja, aber schauen Sie doch mal, was Sie alles dafür erhalten..."

Es folgt eine Aufzählung der schon geschilderten Leistungen – das ist nicht zielführend!

Die „Ja-aber-Technik" zur Einwandbehandlung steuert auf einen Konfrontationskurs mit dem Kunden zu.

Vereinfacht gesagt, kommt (psychologisch) im oben beschriebenen Fall bei Ihrem Kunden an: *„Ich habe einen berechtigten Einwand und der Verkäufer nimmt ihn nicht so ernst wie ich."*

Erfolgreiche Verkäufer ersetzen die „Ja-aber-Technik" zur Einwandbehandlung gegen wirkungsvollere Techniken der Einwandbehandlung z. B. durch die Wertefrage.

Literatur

Limbeck, Martin. 2013. *Nicht gekauft hat er schon: So denken Top-Verkäufer.* München: Redline.

Verkaufsabschluss 16

Der Verkaufsabschluss ist das Ziel in jedem Verkaufsgespräch. Sie sind angetreten, um Umsatz zu machen. Sie haben Ihre ganze bisherige Mühe darauf verwendet, Ihrem Kunden Ihr Angebot so schmackhaft zu machen, dass er nun nur noch zuschnappen muss, um es zu haben. Ein Moment, vor dem viele Verkäufer Angst haben oder den sie ignorieren.

Der Abschluss erfolgt fließend, als logische Konsequenz aus dem bisherigen Gespräch. Er ist keine harte, eigenständige Phase, die Sie mit Tamtam ankündigen müssen.

Stattdessen wird es Ihnen leicht fallen, Ihren Kunden zu einem klaren *„Ja, so machen wir es!"* zu bewegen, wenn Sie vorher alles richtig gemacht haben.

Stellen Sie sich einfach mal vor, warum Sie selbst einen Laden betreten, zum Beispiel einen Lebensmitteldiscounter.

Ihr Kühlschrank ist leer und Sie machen sich auf den Weg zum Lebensmittelladen Ihres Vertrauens. Mit dem Ergebnis Ihrer Bedarfsanalyse (Einkaufsliste) schlendern Sie nun durch den Laden und legen sich dies und das in den Einkaufswagen. Das ist ein völlig normaler Vorgang, oder?

Jetzt stellen Sie sich bitte einmal vor, Sie könnten am Ende des Einkaufens nirgendwo Ihr Geld loswerden und müssten den Einkauf abbrechen. Es gäbe einfach keine Kassen, an denen Sie Ihren Abschluss tätigen könnten. Das wäre doch doof, oder?

Genauso geht es Kunden, deren Verkäufer sich nicht trauen abzuschließen. Wenn ein Kunde in den Laden kommt und sich für einen Kauf interessiert, ist es doch nur fair, wenn ihm dies auch gelingt.

> **Verkaufsabschluss meint:** Ihr Kunde will etwas kaufen, Sie haben ein passendes Angebot für ihn und nun schließen Sie einen Kaufvertrag – ganz einfach.

Hierzu ist es wichtig, dass Sie als Verkäufer ein Gespür dafür entwickeln, wie reif Ihr Kunde bereits für den Abschluss ist. Leiten Sie den Abschluss ein, bevor Ihr Kunde soweit ist, so ist es, als würden Sie Obst pflücken, bevor es noch nicht reif ist.

Ein Apfel, der noch nicht reif ist, hängt einfach viel fester am Baum, als einer, der schon so reif ist, dass er Ihnen fast von selbst entgegenkommt.

Den richtigen Moment zum Abschluss können Sie übrigens auch verpassen und zerreden. Dann hing der Apfel zu lange am Baum und wird ungenießbar. Auf den folgenden Seiten erfahren Sie, wie Sie den Sack endlich zu machen können und die Ernte Ihrer Arbeit nach Hause bringen werden.

16.1 Raus aus dem Beratermodus, rein in den Verkaufsmodus

Der allerwichtigste Schritt auf dem Weg zum Abschluss ist der, dass Sie sich selbst erlauben, den Beratermodus zu verlassen und den Abschluss als das Ziel Ihres Verkaufsgespräches verstehen. Machen Sie sich bitte spätestens jetzt bewusst, dass der Berateranteil in Ihrem Verkaufsgespräch zwar die Qualität des Verkaufsgesprächs erhöht, es aber nicht der Hauptzweck des Verkaufsvorgangs ist. Der Abschluss ist das Ziel.

Alles, was bisher mit Ihrem Kunden geschah, diente nur einem einzigen Zweck, nämlich am Ende des Prozesses den Umsatz einzufahren.

Allerdings kann es im Verkauf auch zu sogenannten Abschlussblockaden kommen. Die Gründe dafür sind vielseitig. Ich nenne hier mal die aus meiner Sicht wichtigsten:

Angst
Manche Menschen haben geradezu Angst, ihr Gegenüber darauf anzusprechen „was denn nun Sache sei…".

Menschen wollen geliebt werden. Wir alle streben danach, von unseren Mitmenschen anerkannt und gemocht zu werden. Nicht „in die Mannschaft gewählt zu werden", am Rande zu stehen, ist eine Grundangst von Menschen.

Im Verkauf stehen wir ständig in der Gefahr, ein Nein zu hören. Dieses Nein interpretieren wir als Nein gegen unsere Person und davor haben wir Angst. Machen Sie sich stets bewusst: Das Nein haben Sie jetzt schon.

16.1 Raus aus dem Beratermodus, rein in den Verkaufsmodus

Wenn Sie nicht nach dem Abschluss fragen, bleibt es beim Nichtkauf. Verbessert das Ihre Stimmung, wenn der Kunde aus dem Laden geht – mit leeren Händen?

Stellen Sie sich doch mal die Frage, was Ihnen persönlich allerschlimmstes passieren kann, wenn Sie Ihren Kunden fragen, ob er jetzt kaufen will. Ich bin sicher, Sie kommen zu keinem anderen Ergebnis, als dass Ihr Kunde Nein sagen konnte und damit einen Zustand erzeugen, den Sie vor der Abschlussfrage auch haben.

Nun drehen Sie die Frage um: Was kann Ihnen bestenfalls passieren, wenn Sie Ihren Kunden nach dem Abschluss fragen?

Richtig – er kann sagen: *„Bitte einpacken, nehme ich – gleich drei davon…"*

Wenn Sie nun Chance und Risiko gegeneinander abwägen, zu welcher Antwort kommen Sie dann auf die Frage, wovor Sie mehr Angst haben müssen?

Falsche Sozialisierung

In unserem Kulturkreis gilt es mitunter als unhöflich, seine Gesprächspartner nach einer Entscheidung zu fragen. Nach dem Motto „Er wird sich schon melden, wenn er will", wird der Abschluss solange nicht aktiv eingeleitet, bis der Kunde danach fragt.

Dabei wird oft vergessen, dass das Gegenüber genauso zur Verkrampfung sozialisiert wurde und sich ebenfalls nicht traut zu fragen: *„Na, machen wir es nun?"*

Das ist ein bisschen wie bei dem Lied mit den zwei Königskindern:

> Es waren zwei Königskinder,
> die hatten einander so lieb.
> Sie konnten einander nicht finden,
> denn das Wasser war so tief.

Das tiefe Wasser ist im Falle des Verkaufens dann die Sozialisierung der beiden, die verhindert, dass sie sich in der Mitte des Wassers glücklich in die Arme fallen können. Hinter dieser Sozialisierung liegt ein soziales Konstrukt, das von vielen Menschen ungeprüft übernommen wird.

In dem Film „Fluch der Karibik" sagt Kapitän Jack Sparrow: „Nimm Dir, was Du kriegen kannst und gibt nichts davon zurück." Das ist die richtige Haltung für einen erfolgreichen Verkäufer. Du darfst Dir etwas nehmen! Erfolgreiche Verkäufer wissen, dass sie sehr wohl aktiv eine Entscheidung herbeiführen können und dürfen. Alleine schon mit Ihrer Haltung zum Abschluss steigt oder sinkt Ihre Abschlussquote.

Übrigens: Ich bin mitnichten der Ansicht, dass man alles für sich behalten sollte und nichts zurückgeben sollte. Ich plädiere nur für ein gesundes Maß an Egoismus, in dem der eine anerkennt, dass der andere einen freien Willen besitzt und Ja und Nein nach seinem Gutdünken einsetzt.
Fragen darf man immer.

16.2 Kaufsignale erkennen und nutzen

Ich selbst habe Verkaufen zunächst im Einzelhandel gelernt – in einem Fotoladen umgeben von den allerfeinsten Kameras und deren Zubehör. Ich hatte das Glück in einer Zeit das Verkaufen gelernt zu haben, in der man dem Kunden noch von Angesicht zu Angesicht gegenüber stand und jede seiner sprachlichen und körperlichen Reaktionen sehen und hören konnte.

Dadurch habe ich sehr früh gelernt, auf Abschlusssignale zu achten, also Signale, die der Kunde sendet und die darauf hindeuten, dass er bereit ist, die Brieftasche nun auf zu machen und den Kaufpreis auf den Tisch zu legen.

Eines dieser Signale ist dieses: Ihr Kunde fasst sich mitten im Gespräch auf seine eigene, meist rechte Gesäßtasche. Das ist eine unbewusste Handlung (Übersprungshandlung). Er selbst merkt das vermutlich nicht einmal. Die meisten deutschen Männer tragen ihre Portemonnaies in der rechten Gesäßtasche. Ihr Kunde signalisiert Ihnen mit seinem Griff zur rechten Gesäßtasche:

„Das will ich haben. Ich checke nur nochmal, ob ich auch das Geld dabei habe..."

Sie haben ein Kaufsignal erhalten und können nun sagen:

„Lieber Kunde, ich denke Sie werden mir zustimmen, dass dieses Produkt alle Ihre Wünsche erfüllt. Wollen Sie es lieber in rot oder in schwarz?"

Halten Sie sich nicht länger mit dem Weiterbefüllen Ihres Kunden auf. Sorgen Sie dafür, dass Sie den Kauf nun komplettieren. Viele Verkäufer machen hier den Fehler, dass sie nun noch mal alles raus hauen, was aus ihrer Sicht noch wichtiges gesagt sein sollte, obwohl der Kunde danach nicht gefragt hat.

Nicht selten werden dadurch bereits gefällte Kaufentscheidungen von Kunden wieder revidiert.

16.3 Weitere Kaufsignale erkennen

Der eine oder andere kennt vielleicht noch den berühmten Badesalz-Sketch mit dem Keyboard-Verkäufer. Wenn nicht, empfehle ich Ihnen, sich diesen unbedingt anzusehen. Sie finden ihn in den großen Videoportalen im Internet.

Es geht hier um einen Kunden, der ein Keyboard kaufen möchte. Was immer der Verkäufer vorführt, der Kunde fragt:

„Kann der auch den Lambada?" Lambada war ein in den 90er Jahren populärer Hit.

Käufer und Verkäufer befinden sich in einer Endlosschleife. Der Verkäufer haut Feature um Feature raus und der Kunde fragt immer wieder, ob er mit dem Keyboard auch Lambada spielen kann.

Der Verkäufer bejaht und haut das nächste Feature raus. Am Ende kauft der Kunde mit dem Hinweis: *„Aber wenn das den Lambada nicht gekonnt hätte, hätte ich es nicht gekauft…"*.

Um bei dem Thema dieses Buchs zu bleiben: Der Verkäufer hat „alles gesagt, was er wusste" und hat völlig ignoriert, was seinem Kunden wichtig war. Vor allem jedoch hat er das eindeutige Kaufsignal nicht genutzt, um den Abschluss einzuleiten.

Hätte der Verkäufer gesagt: *„Lieber Kunde, wenn Sie den Lambada spielen wollen, dann kann ich Ihnen dieses Keyboard hier wärmstens empfehlen. Damit spielen Sie den Lambada so, dass Ihnen die Zuhörer nur so zuströmen…"*

So hätte er sich zwei Drittel seiner Zeit sparen können und hätte den Umsatz leicht eingefahren.

Wenn Ihr Kunde Sie fragt: *„Kann das Produkt auch dieses oder jenes?"* hat er den Rest vermutlich schon gekauft.

Fragt er nach einer passenden Finanzierung, so hat er das Produkt vermutlich schon im Geiste in seinem Besitz. Nun geht es nur noch darum, wie er diesen Wunsch auch tatsächlich umsetzen kann.

Überlegen Sie bei allen Anmerkungen Ihres Kunden, ob es sich wohl schon um Kaufsignale handeln könnte. Nutzen Sie diese, um den Abschluss in trockene Tücher zu bringen.

16.4 Abschluss einleiten

Ich bin ein großer Freund davon, die Prinzipien hinter einer Sache zu verstehen und sich daraus die Rezepte zu erstellen, die zu einem passen.

Ich halte nichts davon, Verkäufer mit Standardfloskeln auszustatten, die sie im Verkaufsgespräch nutzen sollen und ihnen die Hintergründe über die Psychologie des Verkaufens und über die Wirkung von Worten zu verwehren. Das wäre so, als würde ein Berufsmusiker ein bestimmtes Lied auswendig lernen, anstatt das Notenlesen zu lernen. Er müsste jedes Mal ein neues Lied auswendig lernen, wenn er ein anderes spielen möchte.

Lernt er hingegen Notenlesen, kann er jedes Stück dieser Welt spielen, wenn er das Notenblatt dazu hat. Aus diesem Grund versorge ich Sie in diesem Kapitel lieber mit grundlegenden Prinzipien, als mit Standardfloskeln. Nehmen Sie das Prinzip und verbinden Sie es mit Ihrer ganz persönlichen Art. Dann werden Sie erfolgreich verkaufen – in jeder Situation. Das wichtigste Prinzip für den Kaufabschluss ist das:
Machen Sie sich ihn bewusst. Trauen Sie sich, ihn zu machen.

Wie wird der Abschluss eingeleitet?
Die Abschlussphase ist die einzige Phase im Verkaufsgespräch, bei denen häufiger geschlossene Fragen gestellt werden können. Sie finden gleich einige Beispiele dazu.
Wenn Sie ein Kaufsignal eines Kunden erkannt zu haben glauben, dann sprechen Sie es doch einfach mal an, z. B. so (sehr freundlich, kumpelhaft):

„*Herr Müller, ich habe das Gefühl, das Auto gefällt Ihnen, stimmt´s?*"
oder
„*Frau Schmidt, ich habe den Eindruck, Sie gefallen sich in diesem Kleid genauso gut, wie Sie mir darin gefallen.*"
oder (etwas sachlicher)
„*Herr Schmidt, wenn ich mir Ihren Anforderungskatalog so ansehe, glaube ich zu erkennen, dass mein Produkt alles hat, was Sie sich wünschen. Was brauchen Sie noch, damit Sie hier und jetzt sagen können: Ja, wir machen das zusammen?*"

Gerade die letzte Formulierung hat den Charme, dass Sie den Kunden auffordern, seine sachlichen Bedenken jetzt zu äußern. Für Sie als Verkäufer eine neue Chance, an weitere Informationen zu kommen, die Sie bisher noch nicht auf dem Schirm hatten.
Gerade in der Abschlussphase können Sie sich das zunutze machen, was in der NLP als „Vorannahme" bezeichnet wird: Sie nehmen einen bestimmten Umstand als gegeben an und formulieren eine Frage oder eine Aussage so, dass klar ist, dass der angenommene Umstand allgemeingültig ist.

Beispiele für Vorannahmen
In der Frage „*Wollen Sie es in rot oder blau?*" steckt die Annahme, dass Ihr Gegenüber „es" will. Die Frage ist nur, in welcher Farbe.

16.4 Abschluss einleiten

In der Alternativfrage: „Sollen wir die Montage für Sie durchführen oder machen das Ihre Leute?" steckt die Annahme, dass die Anlage aufgebaut wird (und Ihnen logischerweise zuvor abgekauft wurde).

Mit diesen Beispielen möchte ich Ihnen einfach eines zeigen: Trauen Sie sich, den Abschluss anzusprechen, wenn Sie das Gefühl haben, dass alles Relevante geklärt wurde.

Verbinden Sie Ihren Mut mit Ihrem Selbstverständnis zum Verkaufen (Ziel=Abschluss) und Ihrem sprachlichen Geschick. Wenn Sie das schaffen, sind Sie schon weiter als die meisten Verkäufer, denen Sie in vielen Situationen begegnen werden.

Sollte Ihr Kunde noch nicht soweit sein, wird er Ihnen das sagen oder signalisieren. Womöglich sind dann für ihn noch nicht alle Fragen geklärt oder es gibt andere Gründe, die ihn in dieser Sekunde davon abhalten, mit Ihnen zusammen die Ernte einzufahren. Das heißt noch nicht, dass der Verkauf gescheitert ist. Solange Ihr Kunde noch mit Ihnen spricht, sind noch alle Chancen im Spiel. Nutzen Sie Ihren Handwerkskoffer und führen Sie das Gespräch weiter bis zum nächsten Abschlussversuch.

Cross- und Upselling   17

Wenn Sie das Buch bisher brav durchgearbeitet haben und die ersten Verkaufserfolge mithilfe der darin enthaltenen Tipps und Techniken einfahren konnten, können Sie nun in die nächste Stufe des Verkaufens übergehen: ins Cross- und Upselling.

Crossselling meint, dass Sie Ihrem Kunden ein Produkt aus einem anderen Bereich mit verkaufen (z. B. dem Autokäufer eine Sonnenbrille für seine Ausfahrten bei Sonnenschein). Upselling meint, dass Sie Ihrem Kunden im gleichen Bereich eine höhere Güte verkaufen (z. B. den beleuchteten Schminkspiegel statt des normalen Schminkspiegels beim Autokauf).

Viele Verkäufer scheuen sich vor dem Cross- und Upselling.

Ein Grund sind die Annahmen (Sozialisierung), dass „man den Kunden nicht weiter belästigen darf..." und „...dass er ja nun schon sooooo viel Geld ausgegeben hat...der muss doch jetzt sparen..."

Hier schlägt wieder die Haltung des „Für den Kunden denken" durch. Womöglich ist Ihr Kunde steinreich und Sie wissen es nur nicht. Er wird Ihnen schon sagen, wenn er sich Ihr Angebot nicht leisten kann oder will; er ist ja schließlich erwachsen und mündig.

17.1 Sinnvolles Cross- und Upselling erkennen

Für die Tatsache, dass Cross- und Upsellings durchaus auch im Sinne von gutem Service sinnvoll sind, möchte ich Ihnen ein Beispiel aus meiner eigenen Verkäufererfahrung geben:

In den 90er Jahren arbeitete ich als Telefonverkäufer in einem Versandhandel für Computer- und Zubehör. Wir bedienten ausschließlich gewerbliche Kunden und Behörden. Zu dieser Zeit war es noch üblich, dass Drucker ohne Kabel ausgeliefert wurden. Mein Telefon klingelte und ich hatte einen Kunden dran, der einen hochwertigen Drucker für eine Behörde bestellte. Ich freute mich, löste die Bestellung aus und los ging der Drucker an den Kunden.

Am nächsten Tag erhielt ich einen Anruf meines erbosten Kunden, der mir mitteilte, dass er den Drucker nicht habe einsetzen können, da kein Druckerkabel dabei gewesen sei. Der Aufwand, dieses Kabel in seiner ländlichen Gegend zu besorgen sei ausgesprochen hoch gewesen und er habe sich sehr darüber geärgert.

Hätte ich ihm gesagt, er solle noch ein Druckerkabel mit bestellen, hätte er es sofort gemacht. Gleiches galt übrigens für Druckerpatronen.

Diese Niederlage hat mich sehr beschäftigt, denn ich hatte sie zu Recht erhalten. Zum einen aus Kundensicht, weil ich einen schlechten Service geliefert hatte. Zum anderen aus Verkäufersicht, denn an den Kabeln und dem anderen Zubehör verdienten wir glänzend. Mitunter hatten wir an einem einzigen Druckerkabel mehr Marge als an dem eigentlichen Drucker.

Künftig sprach ich bei meinen Druckerverkäufen das Kabelthema stets an. Selbst wenn ich wusste, dass ein Ein-Meter-Kabel beim Drucker dabei lag, fragte ich den Kunden „*…reicht Ihnen das sehr kurze Standardkabel oder wollen Sie lieber das bessere, drei Meter lange Kabel mit bestellen, um auf der sicheren Seite zu sein?*"

Was glauben Sie, wie sich meine Kabelverkäufe entwickelten?

17.2 Immer mit dem Nutzen beginnen

Beim Cross- und Upselling habe ich zwei grundsätzliche Regeln für Sie parat:

1. Die eine ist: Trauen Sie sich!
2. Die zweite ist: Bevor Sie etwas anbieten, versichern Sie sich, dass Sie den Nutzen für Ihren Kunden formulieren können.

Der Klassiker an der Tankstelle ist es, beim Bezahlvorgang nach dem Tanken pauschal zu fragen: „Wollen Sie noch einen Kaffee oder etwas Süßes dazu?" In diesem Fall wird meines Erachtens ganz klar die zweite Regel missachtet. Besser wäre es so:

Verkäufer: „*Hallo, Sie waren an der zehn?*"
Detlef: „*Ja genau*" und legt seine goldene Kreditkarte hin.
Verkäufer: (sieht den Namen auf der Karte, Freitag, früher Abend) „*Na, wie lange geht die Fahrt noch, Herr XY?*"

17.2 Immer mit dem Nutzen beginnen

Detlef: „*Na ja, so 250 km habe ich noch...*"
Verkäufer: „*Mhhh und das auf der A7 am Freitag...da gerät mal schnell mal in den Stau. Haben Sie denn was zum Knabbern für unterwegs dabei?*"
In dem Moment fällt Detlef ein, dass er im letzten Stau seinen letzten Schokoriegel aus dem Konsolenfach entnommen und verspeist hat.
Detlef: „*Gut, dass Sie es sagen. Ich nehme gleich zwei...*"
Verkäufer: „*Gerne...noch einen kleinen Espresso, so als Wachhalter für die weitere Reise?*"
Detlef: „*Haben Sie auch einen doppelten...?*"

Aus diesem Beispiel können Sie lernen, wie wichtig es ist, beim Cross- und Upselling den Kundennutzen im Auge zu haben.

„*Wir haben da noch ein Sonderangebot, welches ich Ihnen unbedingt zeigen möchte...*" enthält keinen Kundennutzen.

Die Aussage hingegen: „*Ich habe da noch etwas, mit dem Sie während der Fahrt Ihre Konzentrationsfähigkeit erhalten und somit Unfälle vermeiden können*" enthält einen sofort nachvollziehbaren Nutzen für Ihren Kunden.

Fangen Sie am besten sofort an, sich darin zu üben, Ihre Kunden beim Cross- und Upselling mit Nutzen zu überfallen, anstatt mit dem, was Sie anzubieten haben.

Erinnern Sie sich noch an das, was ich weiter vorne geschrieben habe, dass jedes gute Verkaufsargument auf den Fragen

- Wie heißt es?
- Was kann es?
- Was habe ich davon?

basiert?

Falls nicht, lesen Sie das Buch bitte noch mal von Anfang an – es ist nämlich wichtig.

Falls ja, umso besser. Sie brauchen sich nur zu merken, dass Sie beim Cross- und Upselling tendenziell mit dem Nutzen anfangen und dann über die drei Ws sauber nach oben gehen, also so (sehr fiktives Beispiel):

Verkäufer: „*Herr Meier, ich habe da noch eine Geldanlage, mit deren Hilfe Sie Ihr Kapital in nur 3 Monaten verdoppeln können. Ist das interessant für Sie?*"
Kunde: „*Ja, äh wie geht das denn?*"

Verkäufer: „*Also Herr Meier, ich habe hier den Fond „Betonschuhe superb". Er investiert in Geldwaschanlagen in Panama. Dank der exorbitanten Gewinne aus den Drogengeschäften bleibt selbst nach der Geldwäsche noch eine sagenhafte Gewinnspanne von 100 % in nur drei Monaten übrig... Wie viel wollen Sie gerne in diesen Fond investieren?"*

(Vorannahme: Er will investieren)

Weitere Beispiele:

- „*Herr Müller, ich sehe gerade, dass es an Ihrem Telefonanschluss möglich ist, ein TV-System zu betreiben, bei dem Sie jederzeit selbst entscheiden können, ob und welche Filme Sie sehen können. Interessiert, mehr zu erfahren?"*
- „*Frau Schmidt, ich habe eine Idee, wie Sie mit diesem Kleid noch mehr bewundernde Blicke auf sich ziehen können..."*
- „*Frau Müller, mir fällt gerade eine Möglichkeit auf, Ihren Wagen super preiswert gegen Einparkschäden zu versichern. Darf ich Ihnen kurz vorstellen, wie Sie das finanzielle Risiko von Einparkschäden drastisch minimieren können?"*

Achten Sie beim Cross- und Upselling unbedingt darauf, mit welchen Kundentypen Sie es zu tun haben. Mal kaufen Ihnen Kunden eher die emotionalen Nutzen ab, mal eher die sachlichen Nutzen.

Bei dem einen Kunden darf die Ansprache locker und fluffig sein, bei einem anderen Kundentypen muss sie staubtrocken, sachlich und seriös sein. Auch diese Anpassungsfähigkeit gehört zum Handwerkszeug des erfolgreichen Verkäufers.

Diese Dinge gehören in kein Verkaufsgespräch

In diesem Kapitel möchte ich Ihnen einige Ratschläge dazu an die Hand geben, was keinesfalls in ein Verkaufsgespräch gehören sollte. Versuchen Sie, Ihr Handwerk ständig zu verfeinern und auch auf diese scheinbaren Kleinigkeiten zu achten.

18.1 Der teuerste Buchstabe eines Verkäufers

Von meinem Trainerkollegen Roman Kmenta stammt die Idee des „*für den Verkäufer teuersten Buchstabens*", die ich hier gerne ebenfalls verwende (Kmenta 2019). Der teuerste Buchstabe des Verkäufers ist das „t" und zwar explizit das kleine „t". Dieser Buchstabe findet sich in der deutschen Sprache sehr oft in Konjunktiven wie „sollten", „dürften", „müssten"…

Diese Konjunktive lösen bei Ihrem Kunden im Bruchteil einer Sekunde das Gefühl von Unsicherheit aus und führen mitunter zu Verkaufsabbrüchen.

Kunde: *„Kommt der PC bei mir morgen an?"*
Verkäufer: *„Müsste klappen…"*
Kunde: *„Kann das Keyboard auch Lambada?"*
Verkäufer: *„Ja, das sollte es…"*
Sie: *„Herr Doktor, werde ich durch diese Medizin wieder gesund?"*
Doktor: *„Mhhh, das sollte klappen…"*

Sie merken sicher selbst, wie unsicher und unklar so ein kleines, doofes „t" in einer Aussage wirken kann. Ersetzen Sie daher Konjunktive gegen klare Aussagen wie:

„*Herr Meier, ich sorge dafür, dass das klappt.*" oder „*...und was das Keyboard für einen Lambada trällert...schnallen Sie sich lieber schon mal an.*"

18.2 Kein Problem

Was bei Alf noch witzig war, wenn er im Brustton der Überzeugung „*null Problemo*" in die Welt schmetterte, gehört definitiv in keine Kundenkommunikation.

Wenn Sie zu Ihrem Gegenüber „*kein Problem*" sagen, dann baut sich in seinem Unterbewusstsein zuerst das Wort „Problem" auf, welches er dann wieder mit viel Energie zerstören muss.

Dieser Vorgang ist völlig unnötig, denn es gibt ja auch positive Formulierungen für dieselbe Aussage.

Falls Sie es nicht glauben, dann versuchen Sie jetzt mal NICHT, auf GAR KEINEN FALL, UM KEINEN PREIS, an einen ELEFANTEN ZU DENKEN, DER IM KELLER GELDSCHEINE PLATT TRITT... Nicht an diesen Elefanten denken!

Sie werden gemerkt haben, dass das nicht geht. „Kein Problem" gehört nicht in den Werkzeugkoffer eines erfolgreichen Verkäufers.

Sagen Sie stattdessen doch einfach: „*Natürlich, das mache ich Ihnen gerne, Herr Müller...*" oder „*Ja, das Kleid können wir Ihnen heute bis 18 Uhr noch umändern...*"

18.3 „Nicht" und „kein"

So ähnlich wie mit dem Term „kein Problem" verhält es sich mit den Worten „nicht" und „kein". Wenn Sie z. B. zu Ihrem Kunden sagen: „*Da brauchen Sie sich gar keine Gedanken zu machen...*" kommt in seinem Unterbewusstsein an: „*...brauchen Gedanken machen...*".

Die Negierung ist ein Paradoxon, welches vom Unterbewusstsein nicht aufgelöst werden kann. Das „keine", das „nicht" wird ignoriert.

Da diese Regel mittlerweile so weit in der Welt der Coaches und Kommunikationstrainer bekannt und anerkannt ist, kann ich nicht nachvollziehen, warum z. B. an deutschen Autobahnen Schilder stehen mit dem Text: „*Nicht drängeln*".

Was genau soll der Autofahrer hier denn tun? Wie geht der Vorgang des „Nicht Drängelns"? Niemand kann das konkret beschreiben. Allerdings kann z. B. die Aussage: „*Halten Sie mindestens zwei Autolängen Abstand*" jeder nachmessen.

Mein Rat an Sie lautet ganz einfach: Wenn Sie möchten, dass Ihr Kunde etwas tut (kaufen z. B.) dann streichen Sie die Begriffe „nicht" und „kein" aus Ihrem Wortschatz.

Verwenden Sie stattdessen aktive Formulierungen, siehe oben.

Der Trick mit dem „Nicht kaufen"

Aber: keine Regel ohne Ausnahme. Wäre ja auch zu einfach. Es gibt doch eine Möglichkeit, das Wort „nicht" verkaufsfördernd einzusetzen. Sie ist ein wenig tricky und spitzbübisch:

Wenn Sie zu Ihrem Kunden sagen: „*Sie müssen das ja nicht kaufen, Hr. Meier...*", dann kommt in seinem Unterbewusstsein „*Sie müssen kaufen...*" an.

Wenn Sie diese Formulierung bewusst und dosiert einsetzen, unterziehen Sie Ihren Kunden quasi einer Dauersuggestion, die vielleicht einen Beitrag dazu leistet, dass er den Kauf tätigt.

18.4 „Aber" sagen

Das Wort „aber" gehört deshalb nicht in ein gutes Verkaufsgespräch, weil das Wort „aber" das zuvor gesagte infrage stellt oder gleich auflöst.

Der Satz: „*Das Kleid steht Ihnen ausgezeichnet, Frau Schmidt, aber ich empfehle andere Schuhe dazu.*" bedeutet für das Unterbewusstsein der Kundin: „*Das Kleid steht mir nicht.*"

Rhetorisch noch ungeschickter: „*Das Kleid steht Ihnen ausgezeichnet, Frau Schmidt, aber ich würde Ihnen andere Schuhe dazu empfehlen, mit denen Sie von den anderen Gästen beneidet werden könnten.*" Hier wurde das zerstörerische „aber" noch mit abschwächenden Konjunktiven ergänzt.

Statt des Wortes „aber" verwenden Sie besser das Wort „und" oder Sie bilden kürzere, alleinstehende Sätze. Das hört sich dann so an:

„*Das Kleid steht Ihnen ausgezeichnet, Frau Schmidt und der Oberkracher wird es sein, wenn Sie diese Schuhe hier dazu tragen. Ich kann schon jetzt vor meinem geistigen Auge sehen, wie Sie von den anderen Anwesenden im Saal beneidet werden.*"

„*Sie haben sich da einen schönen Wagen ausgesucht und ich empfehle Ihnen, ihn in der Variante xyz statt abc zu nehmen, weil...*"

Die von den meisten Verkäufern üblicherweise verwendete Formulierung wäre wohl gewesen:
„Sie haben sich da einen schönen Wagen ausgesucht aber ich empfehle Ihnen, ihn nicht in der Variante abc, sondern in der Variante xyz zu nehmen, weil..."
Das ist dann eine schlechte Kombination aus „aber" und „nicht".

18.5 Ich-Sprech

Der Ich-Sprech zeichnet sich dadurch aus, dass der Verkäufer ständig „ich" sagt, wenn er den Kunden meint. Der Ich-Sprech ist das schlechte Beispiel für die gegenteilige Wirkung des hypnotischen Sprachmusters: Es entführt den Kunden nicht zu sich selbst in den Zustand, wenn dieser Ihr Angebot bereits sein Eigen nennen kann, sondern er entfernt ihn immer mehr und mehr von sich.

Beispiele für den Ich-Sprech
Der Kunde fragt: *„Kann ich mit dieser Kamera auch Briefmarken fotografieren?"*
Und der Verkäufer antwortet: *„Ja, da muss ich hier im Objektiv nur auf Makro schalten."*
Kunde: *„Kann das Keyboard auch den Lambada?"*
Verkäufer: *„Ja, da muss ich nur hier beim Rhythmusknopf die 211 eingeben."*

Bitte ersetzen Sie den Ich-Sprech gegen den Sie-Sprech.
Sprechen Sie Ihren Kunden an mit „Sie", „Du" oder mit seinem Namen.

Kunde: *„Kann das Keyboard auch den Lambada?"*
Verkäufer: *„Ja klar, Herr Müller. Um den Lambada zu spielen brauchen Sie lediglich hier beim Rhythmusknopf die 211 eingeben..."*

18.6 Man-Sprech

Der Man-Sprech ist das Sprachmuster, bei denen die Menschen offensichtlich die Verantwortung für ihr Wort an einen Unbekannten abgegeben haben.
Menschen die im Man-Sprech kommunizieren, wirken dadurch ähnlich unsicher, wie Menschen, die viele Konjunktive verwenden.

Beispiele für den Man-Sprech
Der Kunde fragt: *„Kann ich mit dieser Kamera auch Briefmarken fotografieren?"*
Und der Verkäufer antwortet: *„Ja, da muss man hier im Objektiv nur auf Makro schalten…"*
Kunde: *„Kann das Keyboard auch den Lambada?"*
Verkäufer: *„Ja, da muss man nur hier beim Rhythmusknopf die 211 eingeben…"*

Bitte ersetzen Sie auch den Man-Sprech gegen den Sie-Sprech. Sprechen Sie Ihren Kunden an mit „Sie", „Du" oder mit seinem Namen.

18.7 Probieren-Sprech

Der Probieren-Sprech ist ein Signal für den Kunden, dass das Scheitern einkalkuliert ist. Der Probieren-Sprech wirkt abschwächend und unsicher.

Kunde: „Kann das Keyboard auch den Lambada?"
Verkäufer: „Wir probieren es mal. Da soll man nur hier beim Rhythmusknopf die 211 eingeben…"

Wegen seiner abschwächenden Wirkung lassen Sie den Probieren-Sprech besser aus den Verkaufsgesprächen raus. Wenn Sie nicht wissen, ob es geht, sagen Sie Ihrem Kunden das und klären es nachhaltig für ihn.

18.8 Mitleid mit dem Kunden haben

Mitleid mit dem Kunden zu haben, ist die härteste Form des „Für-den-Kunden-Denkens". Verkäufer geben der „Mutter mit drei Kindern" gigantische Rabatte – dabei ist sie die reichste Dame der Stadt. Sie bieten der alten Dame „den kostenlosen Lieferservice" an – dabei könnte sie das locker aus der Portokasse zahlen.

Bitte verstehen Sie mich richtig: Ich habe nichts dagegen, soziale Beiträge zu leisten. Ich habe nur etwas gegen die Entmündigung Erwachsener durch übereifrige Verkäufer.

Gehen Sie doch einfach mal davon aus, dass ein Kunde sich Ihre Dienstleistung leisten kann. Wenn nicht, sagt er Ihnen das spätestens, wenn es zum Schwur kommt.

Hüten Sie sich vor allem davor, bestimmten Personengruppen besonderes Mitleid entgegenzubringen. Es gibt Personen, die sehen arm aus und sind steinreich. Es gibt alleinerziehende Mütter mit drei Kindern und Hausmädchen und viel Geld, die ganz entspannt sind und es gibt Familien, in denen beide Eltern arbeiten, und die bettelarm und gestresst sind.

Bitte tun Sie sich und dem Rest der Menschheit diesen Gefallen: Behandeln Sie Ihre Kunden immer wie erwachsene, mündige Mitmenschen.

Beispiel für unangebrachtes Mitleid
Ich saß nach einem Trainingstag abends zu einem kleinen Absacker in der Hotelbar nahe der Rezeption, als eine vierköpfige Familie – Eltern mit zwei ca. 8- und 12-jährigen Kindern – zum Check-in kam.

Die Familie hatte offensichtlich eine bereits längere Anreise hinter sich. Sie brauchten das Hotel für eine Nacht, um am nächsten Morgen sehr früh (vor dem Frühstück, wie sie sagten) vom Flughafen aus eine Fernreise anzutreten.

Nachdem alle Check-in-Formalitäten soweit erledigt waren, sagte der Familienvater zum Portier: *„Bitte geben Sie mir noch eine Flasche Mineralwasser mit aufs Zimmer."*

Dieser antwortete: *„Die kostet aber 3,50 Euro. Wenn Sie sie günstiger haben wollen, kann ich Ihnen den Einkaufsmarkt gegenüber empfehlen, der hat sicher noch offen."*

Mein umsatzorientiertes Verkäuferherz drohte stehen zu bleiben. Wo hing der Defibrillator?

Ich stellte mir dann vor, wie ein zahlbereiter Kunde ein Autohaus einer hochwertigen Marke betritt, sagt, dass er ein schön ausgestattetes Auto kaufen wolle und der Verkäufer ihm antwortet:

„Das kostet aber 70.000 Euro. Wenn Sie es günstiger haben wollen, kann ich Ihnen den Händler gegenüber empfehlen. Dort bekommen Sie ein Auto schon für 15.000 Euro."

Lachhaft, oder? Genau das ist aber im Hotel passiert.

Ein Hotel erwirtschaftet seine Erträge, die u. a. dazu verwendet werden, die Löhne und Gehälter der Mitarbeiter zu bezahlen, durch den Verkauf von Übernachtungen und Verköstigungen.

Die prozentual beste Marge wird in der Gastronomie mit Getränken erwirtschaftet. Jede Flasche Wasser, die ein Kunde kauft, trägt erheblich zur Sicherung des Deckungsbeitrages bei.

Was auch immer dem Portier dieses Hotels in dem Moment durch den Kopf ging: Ich bin sicher es war nicht der Zusammenhang zwischen der Erwirtschaftung von Umsätzen mit seiner Hilfe und der Sicherung auch seines Arbeitsplatzes.

Ohne jede Not und ohne Kundenanfrage den Preis einer Ware infrage zu stellen, ist im Dienstleistungsgeschäft hochgradig unprofessionell und sollte schleunigst korrigiert werden.

Offensichtlich hat der Portier seine Wertvorstellung einer Flasche Wasser auf die des Kunden übertragen. Er dachte „für den Kunden", nicht „mit dem Kunden".

Dieser Kunde befand sich am Ende eines anstrengenden Tages auf einer Reise mit zwei Kindern. Da kriegt eine einfach verfügbare Flasche Mineralwasser einen ganz anderen Wert.

Meine Empfehlung an den Portier ist diese: Wenn mal wieder eine vierköpfige, offensichtlich geschlauchte Familie vor Ihnen steht, die „nur noch ins Bett will" und mit Umsatz winkt, dann nehmen Sie ihn einfach, den Umsatz.

Ich setze sogar noch einen drauf: „Sicher sind Sie ganz schön geschafft und Sie müssen ja morgen früh raus… Nehmen Sie doch besser noch eine Flasche Wasser für morgen mit. Am Flughafen zahlen Sie wesentlich mehr dafür…"

Ich möchte den sehen, der dieser Argumentation hätte widerstehen können.

Noch ein kleines Rechenbeispiel dazu: Sagen wir mal, die Flasche Wasser erzielt bei 3,50 EUR einen Deckungsbeitrag von 2,50 EUR. Unterstellen wir mal, dass in diesem Hotel eine Verkaufsverhinderung dieser Art rund 5x pro Tag vorkommt (was sicher zu wenig ist). Nehmen wir weiter an, dass das Hotel an 364 Tagen im Jahr geöffnet ist. Dann ergibt sich ein fehlender Deckungsbeitrag in Höhe von:

$2,50 \times 364 \times 5 = 4550$ EUR

Das entspricht locker dem Monatsgehalt des Nachtportiers inkl. Lohnnebenkosten, Boni usw.

Literatur

Kmenta, Robert. Der teuerste Buchstabe der Welt. https://www.romankmenta.com/der-teuerste-buchstabe-der-welt-fuer-verkaeufer/. Zugegriffen: 26. März 2019.

Epilog: Übung macht den Top-Verkäufer

So, liebe Leserin, lieber Leser. So langsam nähern wir uns dem Ende des Buches.

Ich habe an dieser Stelle einen ganz wichtigen Rat für Sie: Üben Sie die Anwendung der Techniken und Prinzipien, die ich Ihnen in diesem Buch vermittelt habe.

Ein Buch zum Thema „Verkaufen" ist kein Roman, in den Sie eintauchen und danach wieder in die Realität zurückkehren können, sondern Sie lesen es, um die Realität danach anders zu gestalten. Wenn Sie bessere Ergebnisse erzielen möchten, dann ist es mit dem Lesen alleine nicht getan.

Ich kann Ihnen mit diesem Buch nur mein Wissen und meine Ansichten mitteilen. Üben und anwenden müssen Sie sie selbst.

Verkaufen ist ein Handwerk, was ich ja schon mehrfach erwähnt habe. Jeder Handwerker muss die Handgriffe üben, bevor sie sitzen. Mal geht es auf Anhieb, meistens braucht es jedoch ein paar Mal üben, bis der Handgriff sitzt.

Es hilft nichts, sich nach dem Lesen ein weiteres Buch zu kaufen, um Ihre Verkaufsergebnisse zu verbessern. Das einzige, was hilft, ist TUN.

Ich empfehle Ihnen, diejenigen Tipps, die Sie von mir übernehmen möchten, scheibchenweise zu trainieren – in homöopathischen Dosen sozusagen.

Wenn Sie versuchen, alles auf einmal zu verändern, besteht eine große Chance, dass Sie frustriert scheitern.

Nehmen Sie sich 2 bis 3 Themen vor, die Sie in der nächsten Zeit konsequent verändern wollen und machen Sie es einfach.

Nach ca. 21 Tagen konsequenter Anwendung sind Ihnen die neuen Gewohnheiten schon in Fleisch und Blut übergegangen und Sie haben wieder genug Energie für die nächste neue Angewohnheit, die Sie trainieren wollen.

Auf diese Art und Weise werden Sie mit sicheren Schritten ein immer besserer Verkäufer und können vielleicht schon bald über ein neues Geschäftsmodell für Ihre Elefanten nachdenken. Vielleicht ist Geldplatttrampeln ja eine Dienstleistung, die Sie an andere verkaufen können. Sie wissen ja so langsam, woher die Elefanten dazu kommen und wie Sie sie aufs Geldplatttrampeln trainieren können. Bereits Erich Kästner wusste:

> Es gibt nichts Gutes. Außer man tut es (Kästner 1950, Epigramm mit dem Titel „Moral").

Das gilt auch – und gerade – für die Implementierung neuen Wissens.

Bitte entspannen Sie sich
Nicht jedes Verkaufsgespräch führt zum Abschluss – aus den unterschiedlichsten Gründen.

Bitte entspannen Sie sich daher und schützen Sie sich vor allzu viel Abschlussdruck.

Ich verspreche Ihnen Folgendes: Je konsequenter Sie viele Tipps aus diesem Buch anwenden und je mehr Sie sich als zielstrebiger Verkaufshandwerker sehen, umso mehr Abschlüsse werden Sie erzielen.

Wenn es mal nicht klappt, dann warten Sie auf die nächste Chance. Gehen Sie am besten mit dieser Haltung in jedes Verkaufsgespräch:

> Wenn der Tag nicht Dein Freund ist,
>
> dann mache ihn zu Deinem Lehrer!

Fragen Sie sich: „Was hätte ich besser machen können?" und machen Sie es das nächste Mal besser.

Schreiben Sie sich Ihre Erkenntnisse ruhig auf. Führen Sie Ihr persönliches Top-Verkäufer-Entwicklungstagebuch und werden Sie Schritt für Schritt immer besser.

Steigen Sie nach jedem nicht geglückten Verkaufsabschluss wie Phönix aus der Asche hervor und werden Sie ein besserer Verkäufer als Sie es vorher waren.

Für den langfristigen Erfolg zählt, wie oft Sie wieder aufgestanden sind – nicht, wie oft Sie hingefallen sind.

Das ist völlig unwichtig.

Anhang

Hier finden Sie eine Liste mit Links zu Tools, die Ihnen bei der Selbstvermarktung und beim Ausbau Ihres Angebotes helfen können:

- Canva.com – Grafiken erstellen und verwalten
- Chimpify – Online-Marketing-Tool
- Clickmeeting – Onlinekonferenz-System
- Edudip – Live-Webinarplattform mit Marktplatz
- Evernote – Notizen machen, Links sammeln
- Freelogoservices – Logos einfach erstellen
- Google MyBusiness – zur kostenlosen Erstellung eines Firmeneintrages bei Google
- Mailchimp – Newsletter automatisiert senden
- Mindmeister – Mindmaps erstellen
- Movavi – am Bildschirm Lehrfilme und Anleitungen erstellen
- Quofox – Onlinelearning-Plattform, um eigene Kurse zu verkaufen
- Solveidos-Blog – Tipps für mehr Kunden und mehr Aufträge
- Supersaas – online Termine buchen (lassen)
- Trello – Onlinetool zum gezielten Verwalten von Vorhaben/Projekten
- Webinaris – Webinar-Plattform für vorab aufgezeichnete Webinare
- Wordpress – Software zum Erstellen von Websites und Blogs
- Events Manager – macht aus Wordpress einen Veranstaltungskalender
- Germanized – macht Woocommerce-Shops in Deutschland rechtssicher
- Shariff Wrapper – DSGVO-konforme „Like Buttons" für Wordpress-Webseiten
- Woocommerce – macht aus Wordpress einen Onlineshop für physikalische, digitale und Dienstleistungsprodukte
- Yoast – unterstützt die Suchmaschinenoptimierung von Wordpress-Webseiten
- Zoom – Onlinekonferenz-System

Printed in Germany
by Amazon Distribution
GmbH, Leipzig